ちくま学芸文庫

経済の本質

自然から学ぶ

ジェイン・ジェイコブズ

香西 泰 植木直子 訳

筑摩書房

バージン、ネッド、ジムに捧げる

まえがき

理論やその他の抽象概念が強力な道具だというのは、ギリシャ神話の巨人アンタイオスが強力だというのと同じく、限られた意味においてで言えることでしかない。アンタイオスの力は、彼が大地と密着していない時には、急速に萎えた。本書の登場人物のおしゃべりの目的は、硬直化した経済学の抽象的推理をこの世の現実に触れさせることだ。ここで現実とは、経済生活を支配する発展、成長、安定を言う。

本書を通じて一貫して流れているテーマ――この本がその上に構築されている前提は、人間はあらゆる面で自然秩序の一部分として、すっぽりと自然の中に収まって存在しているということだ。この人間と自然の統一性を受け入れることは、人間は物事の自然秩序への介入者だと想定している生態学者たちには受け入れがたい。――多くの生態学者が、怒りと絶望のなかでそう想定するに至った事情は、よく理解できるが。この統一性はまた、理性、知識、そして決意が、人間に自然秩序を回避させ、出し抜くことを可能にすると想定する経済学者、産業人、政治家、そのほかの人たちにも、受け入れられにくい。——彼らの多くが人間の達成したことに誇りを抱いてそう想定するに至った事情も、よくわかるが。読者も、人間とその労作をその他の自然から分け隔てている想像上の障壁を打破しようとせず、または打破できないならば、本書の主張を聞くことはできないだろう。

自然の過程を記述し、それを説明する例を選ぶに当たって、私は生物学、進化論、生態学、鉱物学、気象学、その他の自然科学の分野からの情報を、それらの情報がこれらの科学に携わっている人々によって現在理解され、解釈されているままに、切り取った。登場人物が自然科学について自己流の解釈を持ち出してくる場合はそれほど多くはない。ただ、そのときにはそれが彼ら自身の憶測であることを明確にするようにした。経済学については、登場人物は経済学がもっと現実と接触すべきだとの主張を固く持して譲らない。しかし、自分たちが権威に刃向かっているときにはそのことをはっきり述べ、なぜ刃向かっているのかを説明するようにした。

私が想像上の登場人物と教育的対話を用いたのは、何よりもまずこの尊敬すべき文学形式が研究をひろげ、議論を発展させるのに適しているためである。同時に、この形式が言わず語らずに読者を誘って登場人物と交わり、議論に入らせるからでもある。

書物は、他の作品に劣らず、自らを語るものだ。しかし聞いてもらうには、書物には協力者が必要である。協力者というのは、その書物が主張していることを取り入れ、反論し、もしくは賛成し、ともあれそれについて思索してくれるだけ十分に心の広い読者のことだ。摂取、批判、共鳴、思索の過程が楽しく興味深く、かつ有益であるとすればするだけ――そうあってほしいものだが――ますます結構だ。

ジェイン・ジェイコブズ

トロントにて、一九九九年七月

経済の本質【目次】

本書の登場人物

アームブラスター　ニューヨークで小さな出版社を経営していたが、現在は退職。ニューヨークで独り住まい。

ケート　生物神経学を研究、ロングアイランドの大学で教鞭をとっていたが退職し、現在は科学週刊誌記者。

ホーテンス　アームブラスターの姪。環境問題を扱う弁護士。交通事故で夫を亡くした後、環境問題運動家のベンと知り合うが、その後別れ、現在は、ハイラムと交際している。

ハイラム　エコロジスト。生物模倣法など科学者による環境関連事業推進のための資金募集や業務を円滑に進める仕事に従事。ニュージャージー州ホーボーケン在住。ホーテンスの交際相手。

マレー　ハイラムの父。大学で工学から経済学に転進。戦後、投資信託会社に勤務。ポーランド出身の両親を持つアンバーと結婚。現在は高校生、大学生相手に簿記、会計を教えている。

経済の本質

自然から学ぶ

第1章　なんと、またエコロジストだって

「ホーテンスとベンは別れたよ」とアームブラスターはケートにファックスをひらひらさせて言った。ケートは、こぼさないようにバランスをとりながらコーヒーカップをもって席につくところだった。

「お気の毒。でも驚きはしないわ」とケートは言った。「ベンはいつも産業のもたらす惨害をうれしそうに言い立てていたわね。産業や技術に関することはすべて不自然で、不自然なものはすべて悪だというわけ」

「彼は善意からそう言ったのさ」とアームブラスターが言った。「私たちにはエレミアのような悲劇の預言者が必要だ。でも、そいつといっしょに暮らすのでは、ホーテンスだって気が滅入るだろうよ。別れたのは少し前で、ホーテンスはそれから立ち直ったようだ。彼女はいまは別の男にご関心をお持ちだ。このファックス、先に読ませてもらっていいかな。家を出るときに届いたばかりだったのでね」

午前遅く、二人はアームブラスターのグラマシー・スクエアのアパートからそれほど遠くない五番街南のほとんどお客のいないコーヒーショップに座っていた。そこは、急速に豊かになっていくニューヨークの市域の中では見栄えのしないレストランだった。アームブラスターがそこをお気に入りの朝の食堂にしたのは、客が少ないので知り合いが立ち寄ったときに並んで席がとれるからだった。彼は独り住まいで、小さな出版社を退職して以来、そこでの仕事と同僚とやりとりした日々が懐かしかった。

「なんと、ホーテンスが見つけたのは今度もエコロジストだってさ」と、ファックスを読みつづけながらアームブラスターが不満そうに言った。

「それも驚くことではないわ」とケートが言う。「ホーテンスは環境問題を担当している弁護士よ。だからそういう人が話し相手だったり遊び仲間だったりするわけ。そういう人たちとか他の弁護士とかがね」

「でも聞いてくれ。彼氏の名前、ハイラム・マレー四世だってさ。四世ときたもんだ。すごい見栄っ張りだ」

「名前を使い尽くしたのは彼の家族であって、彼には責任のないことよ」

「家族が死んだときに何世という数字を外せばいいじゃないか。私だって父が死んだときに、私の名前についていたジュニアという号は外したよ。何世なんてものをぶら下げつづけるのは、王様か法王様くらいのものだ」

「まだ一世、二世、三世がご存命なのかもね」

「待てよ」とアームブラスターは独り言を言った。「二世が祖父だろう。だとすると一世は――」。アームブラスターは目を見開いた。すると、いつものオウムみたいな顔つきがいっそう誇張された。「やあ、ホーテンスは五〇歳だ。まさか――」

「そう。まさかホーテンスは子どもと遊び回っているわけではないでしょう。ファックスの続きを読んで」

「さてさて、彼女はカリフォルニアからご帰還の予定だ」とアームブラスターは読みつづけた。

「彼氏のほうはホーボーケンに家があるそうだ。エコロジストがホーボーケンに何の用があるのかな。彼女の言うには、私が彼氏を気に入るだろうから、返事で困ると言ってこなければ来週木曜日に彼氏を連れてくるってさ」

「私も伺っていい?」とケートが訊いた。「ホーテンスにまた会えるなんてすてきだわ。それに、私だってエコロジストの端くれよ、ねえ、アームブラスター」

ケートはロングアイランドの大学の生物学部で教鞭をとり、生物神経学の研究もしていたが、二、三年前に終身教授職への昇進を拒まれて、売れ行きを伸ばしている科学週刊誌に職を見つけた。それは彼女が『市場の倫理 統治の倫理』(*Systems of Survival*)を編集した経験が買われたためでもあった。この本は働き手のちがいに応じて倫理体系も異なるのが適切である——たとえば一方で警察官、議員、聖職者、その他公的信任を受けている人たちに適した倫理と、他方で製造業者、銀行家、商人、その他商業従事者に適した倫理とは、ちがっている——ことを探究するために、アームブラスターが立ち上げた小グループの報告と議論を、彼女とアームブラスターが共同編集したものである。ホーテンスはアームブラスターの姪で、このグループの一員であった。最初の数カ月は週刊誌に不慣れだったので、ケートは編集についてアームブラスターに何度も手助けと助言を求めた。指導の必要がなくなってからも、ケートは時々友情から彼と落ち合っていた。

次の木曜日から一週間後、アームブラスターの小さなアパートで――そこは壁も机の上も、本と著者のサイン入り写真であふれていた――ホーテンスとケートはお互い親しく挨拶を交わし、ホーテンスはハイラムを紹介した。ケートは退屈な教授会で同僚の顔から子ども時代の面影を想像することで時間つぶしをすることを学んでいた。そして質の良いツイードの背広をまとい、額がはげ上がってきているハイラムに、育ちの良い細面の真面目な少年が大きくなってもまだ真面目さを失っていない様子を見てとった。

ホーテンスがソファーに腰を下ろすと、ハイラムは立ったままで上着のポケットを何気なく叩いた。ケートはどうしたのかと部屋を見渡した。「何かなくしたの。どこかへ置き間違えたとか」とケートはハイラムにたずねた。

「いえ、あの」。ハイラムは両手をおろし、バツが悪そうな笑顔になった。「禁煙をはじめて五週間と四日になる。でもまだタバコを探してしまう」。ホーテンス、アームブラスター、それにケートの三人は、みなタバコ呑みから足を洗った経験があるので、同情の微笑で応じた。ホーテンスはハイラムが隣に腰を下ろしたとき、その手を軽く叩いた。

アームブラスターがハイラム四世という王朝風の気どった名前を話題にしたくてうずうずしているのがわかっていたので、めいめい飲み物を手に席につくとすぐ、ケートは気軽にハイラムに言った。「あなたの名前についている四世というのはめずらしいわね。もちろんないわけじゃないけど、めずらしいわ」

ハイラムはサイドテーブルの本と写真の間に隙間をつくって飲み物を置いた。「私の父はすてきな老人だ。けれども三世を名乗るって言ってきかなかった。それで、私が四世ということにならざるをえなかった。父は経済学者で、私も経済学者にしたかったらしい。私も少し経済学をかじってみたが、それをやめて環境研究に向かった。三〇年前のことで、私の知人の大半は環境研究と聞いてカヌー漕ぎやバードウォッチングを専攻するのかと思ったみたい。でも父は私の志望を真面目に受け取ってくれた。こう言えばわかってくれると思うけれど、三世を名乗るなどというご酔狂は重要なことではない。父は父、私は私だ。でも私は一線を画すことにした。息子の名前はただのジョエルです」

「エコロジストとしてどんな仕事をしておられるのかな」とアームブラスターが訊いた。「住民を結集して森林を保護し、環境破壊者をやっつけてらっしゃるのかい」。ホーテンスとケートは顔を見合わせた。アームブラスターがそれとなく、だが辛辣に、ベンのことを言っているのを認め合ったようにみえた。

「ちがいます。森林を救い汚染を減らすのは重要だけれどもね。私は資金を募り、仕事を円滑に進めるお手伝いをしている。具体的に言うと、組織についての助言を与え、寄付を見つけてあげる。相手は科学者で、たいていは製品や製法の開発を自然から学ぼうとしている人たちです。そのやり方は生物模倣法（Biomimicry）とよばれている。そういうタイトルの本が出版されてます。ご興味がおありなら一冊差し上げよう。なんなら二冊」とケートのほうを見てハイラムは付けくわえた。

「私はもっているわ。書評したのよ」とケートは言った。「いい本よ、アームブラスター。おおざっぱに言うと、その目的はいま製造されているものより良い資材をつくりだそうというものなの。しかも生命にやさしい温度で、有毒成分を混ぜたりしないでよ。たとえば、クモが糸をつくり、アワビが殻をつくるような具合にね。理想としては、自然の神秘を模倣することにすれば、無害な方法で材料や製品を製造し、製品としての寿命が尽きればそれを大地や大海に返して、滅んでいっても害を残さないようにできるはずなのよ」

「たくさんの可能性が探求されているわ」とホーテンスは言った。「エネルギー、土壌、人工肥料、それに除草剤のような化学製品がどれだけ節約できることか、もしも毎年畑を耕し種をまく必要がないとしたら――もしも、小麦やライ麦が草原の多年生植物みたいに成長できるとしたら、ね。緑色植物はみな太陽光線をとらえる。でもアオウキクサくらい太陽光線を効率よく吸収し、有効に利用しているものはいないのはどうしてか、謎であり驚きなのよ。ここから学んでよいことがあるはずよ。わかっていただけたかしら？ アームブラスター」

「おもしろい」とアームブラスターは答えた。「でも、それも別のやり方で自然を搾取することになりそうな気もする――面倒な技術を克服しようとしてもっと面倒な技術に落ち込んでいくんじゃないかい」

ケートは、アームブラスターがいたずらっぽくベンの仮面をかぶっているのをみて、くすくす笑いだしそうになるのをこらえた。そしてホーテンスに視線を移してその反応をうかがった。ホーテンスは、挑発されてもいつもは冷静でお上品でいたものなのに、彼女らしくもなく逆上した。

「とんでもない！　自然を搾取しようなんてしてないわ！　自然から学ぼうとしているのよ。自然にダメージを与えず、自然ともっと調和してやっていけるようにね。よく考えもしないで生物模倣をだめ扱いにするなんていちばんいけないことなのよ、アームブラスター。こうした謎を解くことがどれほどむずかしいか、草原が年々歳々緑を新たにしているやり方を知るのはどれほど困難で複雑なことか、全然わかってはいないのよね。どうしたっていうの。あなたは、以前はこんなに否定的でおしゃべり上手ではなかったのに。いまはまるでベンみたいよ！」

「ほんの好奇心からさ。身のほどを思い知らされたよ。でも、こうした試みがそんなにむずかしいのなら、実行できないのではないかなあ」

ホーテンスとケートが答えないうちに、ハイラムが考え深げに額をこすりながら、再び口を開いた。「生物を模倣するのは経済発展の一形態なのだと思う。生物模倣に関心をもつには、経済発展に関心をもつこと、力強い経済発展がつづくよう望むことが必要だ。でなければ、より良質な製品、安全な製法を求めるはずがない。そうでなければ製品や製法を手に入れることもないはずだ。発展について考えていて、経済（economy）と生態系（ecosystem）がとてもよく似ていることに気づいた。つまり、経済と生態系の二つに作用する原則は、同じなのだ。私がそう言ったからといって、みなさんがすぐにそう信じてくれると思っているわけではない。でも私は、普遍的な自然の原則はわれわれが経済的になしうること、またなしうる方法を限定していると確信している。発展の支配的原則を避けようとしても経済的には無駄に終わってしまう。これらの原則は経済をしっかりと基礎づけている。私自身の生物模倣の仕事は、経済学を自然から学ぶことだといっていいのです」

「これはすごい！」とアームブラスターは言った。本が一冊できそうだと直観したのだ。視線は棚の上のテープレコーダーに向けられていた。

「うーん、アームブラスター」とホーテンスが言った。「シンポジウムはお断りよ。報告もご免だわ。二度とね。そのレコーダー抜きで話し合うのはどうかしら。ただ話し合うのよ。本をつくろうなんて思わないでね。時間はあり余っているのだから、ほかにおもしろいことがいくらでもあるんじゃないの？」ケートはホーテンスと視線を合わせた。そして、まばたきしてみせた。ホーテンスにきつく言いすぎないようにと合図したのだ。

「本をつくるなんて考えてもみなかった」とアームブラスターはうそをついた。「テープにとっておきたいとは思ったがね。私も経済発展には興味がある。何か不都合なことがあるかな？」

「私はかまいませんよ、ケートとホーテンスがだめだと言わなければ」とハイラムは言った。ハイラムは、まずホーテンス、つぎにケートに、どうなんだと問いかけるような笑みを浮かべながら、飲み物を終えてグラスをおいた。

ホーテンスは肩をすくめた。ケートはにやりとした。その間にアームブラスターはテープレコーダーをコーヒーテーブルに移し、レコードボタンを押し、ハイラムにうなずいて、言った。「経済学を自然から学ぶとは、どういうことなんだい？　経済は人間のすることで、自然にあるものではない。経済は人工的なものだよ。原始的な採集を別とすればね」

「普通にはそう思われている。それも当然です」とハイラムは言った。「いろいろあるけれど、頭のいい訓練されたボーダーコリーを使って羊を見張らせるのは人間だけだ。病院を建て、口蓋裂症を手術するのも、スナックをプラスチックの袋に入れるのも、クレジットカードを発行し、毎月請求書を送ってくるのも、人間だけだ。人間の生活の仕方は他の動物とはちがう。でもちがうからといって人工的とは限らない。ハチはハチミツをつくる。ビーバーは木片を集めて水をせき止める。タツノオトシゴは雄が子を孵《かえ》らせて養う。でも、その活動を人工的とは言わない。ヒマワリがヒナギクよりも背が高いからといって、人工的とは言わない。われわれ自身の手の器用さや脳は自然がつくったものだ。われわれがこうした天からの授かり物を使っていろいろなことができるのは、クモに巣を紡ぎ獲物を刺す能力があるのと同じく、自然の恵みです」

「そう急がないでくれないかね」とアームブラスターが言った。「人間が生物学的にみて人工物だと言うつもりはないよ。でも、われわれは人工の物をつくりそれを自然界に押しつけている。人工皮革をつくり、スタジアムの人工芝をつくり、義歯をつくり、人工氷等々をつくる。人間は人工的な経済をもっていないと、どうして言えるんだい?」

「アームブラスター、それはまるでクモが木綿や亜麻、絹、羊毛、麻の糸でないものを紡ぐからといって、クモを人工的だって責めてるみたいよ」とケートが言った。

「落ちついて、議論する前に話をよく聴きましょうよ」

「モノに焦点を合わせるのをやめて」とハイラムは言った。「モノを生み出す過程(プロセス)に注意を振り向けると、経済と自然との区別ははっきりしなくなる。これは新しいアイデアではない。初期の生態学者がすぐにも見てとったことなのだが――」

「初期の生態学者ってどういう人たち?」とアームブラスターが訊いた。

「植物群落に興味をもった植物学者たちです。群落というのは植物種の集まりだが、その相互依存関係は経済関係そっくりなので、博物学者たちは生物の自然群落に新しい名前をつけることにし、それをeconomy（経済）という語にもとづいたものにした。一九世紀の後半のことだ」

「ちょっと待ってくれないか」と大型の辞書に突進しながらアームブラスターは言った。「あー、economyは二つのギリシャ語根からきている。〝家〟を意味するoikosと、〝管理〟を意味するnomyの二つだ。生態学ecologyは、家という同じ語根に、〝論理〟logicないし〝知識〟を意味する語根logyを加えたものだ。だから生態学とは文字に即していえば〝家の知識〟の意味になる。でも不思議だなあ。語根bioは〝生命〟を、nomyは〝管理〟を意味する。生命管理bionomyと言う方がもっとピントが合っていただろうに。ビクトリア時代の学者はギリシャ語をよく知っていた。なのに生態学ecologyなどという不正確な術語を受け入れるなんてヘンだなあ」

「生態学ecologyを〝自然の経済〟と考えれば、ヘンじゃありませんよ」とハイラムが言った。

「この定義は現在でも使われている。彼らのつくった新しい言葉の音韻を聞くだけでも、それが経済と双子の関係であることは明らかだ。文字の意味はともかく、それが彼らの主張の眼目だった。彼らは自然の経済 the economy of nature を研究した。私は経済の自然（本質）the nature of economy を研究している。反対の角度から見ているわけだが、同じ親密な関係がある」

「自然の過程は人間の行動にもとづいてはいない」とハイラムはつづけた。「そうではなく、自然が人間の生活に基礎を与え、その可能性と制約を設定している。経済学者はこの現実をまだ把握していないようにみえる。しかし、いろいろな経済活動に携わっている多くの人々は、自然から学び、その知識を仕事に生かすことが重要だと悟っている。たとえば、現代の金属学者は温度の変化と不純物の化合で金属結晶格子に変化が起きるのを観察できる。昔の鍛冶屋はX線結晶学を知らなかったので、こういう情報には近づけなかった。建築家や機械技師は緊張と圧縮という自然の力が現実に作用していることを受け入れ、建築資材の性質表の助けを受けている。ワインメーカー、チーズメーカー、パン焼き職人は、自分たちがイーストとバクテリアと協働関係にあることを体得し、そのことを重視している。衛生技術者、医師、有機農業家も同じことをするように学んできたし、いまも学んでいる」

「要するに」と彼は話を進めた。「あらゆる種類の人々が、自然の過程と法則に自覚的に沿い、これらの過程と法則を尊重しながら作業していくことに、自分たちの仕事の成功がかかっていることを、いまでは理解している。超自然的な源泉から伝えられてきた知識や、闇雲の試行錯誤に成功するかどうかがかかっているのとは、大ちがいだ。――さらに、人間は自然の命ずるところから免れているとか、人間は自然の支配者だと考えるのとは正反対だ。

繰り返すと、私が確信するところでは、経済生活を支配する過程と法則は、われわれが発明したものではなく、好むと好まざるとにかかわらず、われわれが乗り越えることなどできるものではない。そして、われわれがこの過程について学べば学ぶほど、さらにそれを深く尊敬するようになればなるほど、経済はうまくいくのです」

「お話は結構悲観的のように聞こえるね」とアームブラスターが言った。「現在われわれは、すでに政府による規制をいっぱい背負っている。君はそこへ、さらに自然の命じる経済法則や規制を課そうというのかい?」

「制約は一部分にすぎません」とハイラムは答えた。「制約があることを知っていれば無駄を予防できる。錬金術者が貴金属ではないものを金に変えよう、どんなものでも溶解する溶媒を見つけようという試みを断念し、化学を研究するようになってから、うまくいくようになった。しかし私に一番興味があるのはつぎの点です。化学、機械工学、生物学の自然法則は、制約であるだけではない。それは協力して働こうという誘いでもあるのだ。

経済学についても同じだと思う。発展、拡大、持続可能性、修正という自然法則に沿って仕事を進めれば、人々はいまもっているものよりももっと確実に繁栄する経済を、そして人間以外の自然ともっと調和のとれた経済を、つくりだせるのです」

「〝人間以外の自然〟の話を聞くと嬉しいわ」とケートが言った。「自然の過程が人間の経済生活を支配している――あるいは、私たちがそうさせようと思えばそうできる――というのが本当なら、私たちは自然世界を構成する要素であり、単なる邪魔者や破壊者ではないことになるのよ」

「それで安心できるってわけでは、必ずしもないわ」とホーテンスが言った。「多数の他の動物種は自然に絶滅していったのよ。その習慣もいっしょにね。どんな習慣だったか知らないけれど。ケート、あなたのほうがご存知でしょう。自然ほど失敗を許さないものはないわ。もし私たちが得体の知れないホルモンまがいの化学物質で水や空気を汚染するなら、自然は不適応を解決するのに絶滅をもってする。このことがわかったところで、安心してはいられないわ」

アームブラスターはホーテンスが取り上げた面白くなりそうな論点に割って入った。「他の問題に移る前に」と彼は言った。「私が経済の基本だと考える二、三の主題について指摘しておきたい。貨幣については一言も話がなかった。でも経済学は、まず真っ先に貨幣にかかわっている。自然は貨幣について何か物語っているのかい？」

「自然の観点からは、貨幣はフィードバック媒体だといえます」とハイラムは答えた。「貨幣が有用なのは、私たちがネガティブ・フィードバック制御プロセス（negative feedback control process）とよぶようになった過程において経済を規制するからだ。しかし、貨幣の有用性だけでは経済の作用を十分説明するのは無理でしょう」

「収益逓減の法則についてはどうだい？」とアームブラスターが訊いた。「はじめは、いちばん採りやすいところから精選する。だが、もっとたくさん得ようとするとしだいにむずかしくなり費用が増す。これはたしかに経済生活にとって基本的な事柄だよ」

「収益逓減の法則は真実だし、きびしいものです」とハイラムは言った。「でも正反対の法則がないと、経済生活をまったく説明できません。正反対の法則というのは、それを反応的代替（responsive substitution）の法則とよぶことにすればいいと思うが、費用が高くつくようになった資源への代替物を人々は探し求め、それを何とか手に入れるというものです。わかりやすい例をあげると、野生の獲物《えもの》の代わりに動物を飼い、鯨油やのちの石炭の代わりに石油を使い、鼈甲《べっこう》や象牙の代わりにプラスチックを用いている。だがそうすると、発展の問題を考えざるをえなくなる。経済発展の問題を考えるには人間以外の自然界での発展についてある程度分析しておく必要がありますね」

「生物模倣プロジェクトで何をなさるおつもりか」とアームブラスターが訊いた。

「たぶん、本を書きます」とハイラムは言った。「でなければウェブに載せる。あるいはそれを実際に利用するため、顧客を見つけて助言する。でも時期尚早ですね。私はまだ一部しかまとめていません。それは私の仕事ではなく、ただの遊びであり、余技なんです。私の主たる仕事は他の人々の生物模倣事業が継続できるように資金集めをすることだ。――つつましい金額ですがね」

「詮索するつもりはないんだが」とアームブラスターが言った。「どうやって生計を立てているのかね？　研究奨励金を見つけるのを手伝うと手数料をもらえるのかい？」

「いや、働いた時間に応じてコンサルタント料をもらっています。講演することもある。幸運にもホーボーケンの家を母から相続した。その家は、私の事務室と私の住む部屋のほかに貸し部屋を二つとるだけの広さがある。私は父の跡を継いでコンサルティングをやるようになった。また新規で有望な汚水処理法を考案しているニュージャージー州のあるグループにわずかですが出資もしている。この種の開発事業は私たちが提供できると夢想する金額よりはるかに巨額の研究実験費を必要とする。そこでもっと資金をと探しまわったところ、自分がそういう仕事に向いていることがわかりました。環境に自分の居場所となる隙間を見つけたといってもいい。これより面白い仕事は想像できませんよ。なにしろすばらしい人とアイデアとに関係するのですからね。ただ、まとまった時間の余裕があまりなくなってしまうのが残念です」

「そういえばもう遅いわ」とホーテンスは席を立ちながら言った。

「待ってくれないか」とアームブラスターは言った。「君たちの話は自然から経済学を学ぶことはヘンではないと言うに尽きている。学んだ内容はまだ話されていない。もう少し話を進められないかい?」

「今晩でないほうがいいですね。でも、約束した本をもってくるのと、もう少し話し合うために、時間を設定してもらってもいいですよ」。ケート、ホーテンス、そしてハイラムがコートをはおっているあいだに、アームブラスターは喜色満面で冷蔵庫の扉に備忘メモを貼っていた。空のカセットを用意しておくのを忘れないように。

第2章　発展の本質

「好きなように始めてくれたまえ。何から聞いていいかわからないから」。二週間後、アームブラスターはハイラム、ホーテンス、ケートとの次の会合でテープレコーダーのスイッチを入れながら言った。

「発展の話題から始めたい」とハイラムは言った。「新しいものはどこからやってくるのだろう？　なぜすべては前と同じままではないのだろう？　発展を重要な質的変化だと定義しよう。その変化は通常は少しずつ生じている。でも、質的変化はほんの一事例でさえ重要な意義をもつことがある。たとえば、ある種のバクテリアが特定の抗生物質に対して耐性を発展させる場合のように」

「なんだ、経済発展について話すのかと思ったのに」。アームブラスターはがっかりしながら言った。

「そうしますよ。けれども、やはり最初は発展すべてに通じる基本から始めたいんです」

「それには無生物の発達も含まれるの？」とケートはたずねた。

「無生物の発達って、そんなものあるの？」とホーテンスが文句を言った。

「ちょっと考えて」とケートは言った。「川は泥を堆積させて三角州をつくりだすわ。波は砂州をつくりだす。火山の爆発は山をつくりだす。気象システムは前線、暴風……」

「ハイラムにつづけてもらおう」とアームブラスターは言った。「そうでないと経済発展に行き着けそうにないからね」

「発展の仕方はすごくいろいろとあります」とハイラムはつづけた。「ケートがいま言ったようにね。ウサギの胚と豆の新芽はどちらも生きているけれど、まったく同じようには発展しない。けれども動物、植物、三角州、法律や修理した靴底、これらはすべて同じ発展の基本過程に従っているのです」

「そんな突飛なことを私が言葉どおりに受け取るとは思わないでくれ」とアームブラスターは言った。「君は比喩のつもりだろうけど」

「いや、比喩ではありませんよ。自然過程としての発展をいろいろな形態の発展を通じて真剣に理解しようとしたのは、一九世紀の発生学者と進化論者が最初です。彼らは発展の定義をこうまとめている。『〝一般〟〝から〟〝発生する〟〝分化〟』。たった四つの言葉だ。だがその四つの言葉は、生物・無生物にかかわらず、また時間と規模のあらゆるスケールでの発展について説明している。

巨大なスケールでの発展の例として太陽系を考えてみよう。天文学者や物理学者によると、太陽系はかつて広漠とした雲のような形の物質であった。それが、いわば一般性であった。やがて分化が現われた。太陽、連なる惑星、その衛星、そして取り残された一般的な物質やさまざまなより小さな塵というように。

さあ、つぎに重要な点だが、分化して地球が現われるや否や、地球は新たな一般性になり、そこからさらなる分化が進むことになる。やがてケートが言ったように、地殻からいろいろと分化が出現した。そこで二番目の発展の普遍的法則はこうなる。『分化したものが一般的なものとなり、その一般的なものからさらなる分化が起こる』。つまり発展とは終わりのない過程であり、その過程が複雑性と多様性を生みだす。というのはつぎつぎと出てくる一般性が、つぎつぎと進む分化の源泉になるのだから。それは同時に並行して起こることもあれば、連続して起こることもある。このように単純で基本的な過程が、繰り返し、繰り返し、繰り返されて、信じがたいほどの多様性が生みだされる。

微小なスケールの発展について見ると、たとえばヒトの胎児では一般性に当たるのはごく小さな受精卵です。最初にそれが自己反復しながら分裂して、半固体の塊からなる一般性へと増殖する。その塊の場所にしたがって、一次分化が生じ、細胞が三種類の層にはっきりと分かれる。それは外胚葉、中胚葉、内胚葉とよばれる。こうした三つの分化は三つの新たな一般性でもある。そこから同時にあるいは連続的に分化が進み、発育途上の赤ん坊の多様で複雑な組織や器官が生みだされる。幼児の生殖器官には、未分化の卵や精子がとりおかれている。これらの細胞は次世代で、またさらなる分化を生みだすことになるのです」

「でも赤ん坊は新しいものではない」とホーテンスが言った。「それはすでに存在しているものが増殖したにすぎないわ」

「たしかに、ある意味ではそうだよ」とハイラムは答えた。「だが別の意味では、それぞれが独自な個体だ。どちらの意味でも、それぞれ新しいひとつの個体が概略いま述べた過程を経て出現する。もちろん、進化論者は個体だけに関心があるのではなく、種それ自身がどのように発生するかにも関心がある。生きているものも絶滅したものも含めてあらゆる種の発生にね。彼らは系統について長い連鎖を解き明かした。そこではつぎつぎに一般性が分化し、分化したものが新しい一般性になる。種がつぎつぎと分岐し多様化していく状況は、慣例的に進化樹として描写されている。そして人類は、その図では哺乳動物に枝分かれした頂上の小枝に位置している。

より限られた範囲の系統は、慣例的には一列に並んだコマ割り漫画のように描かれる。やや小さい、指がそろった目立たない四足獣から立派なひづめのある乗用馬へといったウマの発達に見られるようにね。あるいはもっと狭い例を取りあげると、哺乳類の足が種々あるのは、初期の哺乳動物の未分化の足が分化したからだ。初期には五本の指と爪には区別がなかった。現代のネズミとこの点では似ている。

それらネズミのような足から発生した分化にはウマのひづめ、コウモリの翼、クジラのひれ足、ネコの足、それに私たちの手が含まれている。人間の手はこれらの中では初期哺乳類の未分化の足に類似している。私たちの場合、重要なのは指の発達で、それはひづめ、ひれ足、コウモリの翼のように目ざましいものだったり特殊化したというのではけっしてないけれど、親指が他の四本の指と向かい合わせになっている。そのために手をとても器用に動かせる」

「申し訳ないけれど、君がいままで言ったことは当たり前のことだよ」とアームブラスターは言った。「先に一般性があるとして、そこからでなければ一体どこから分化が発生するのだい？」

「まさに私の言いたい点はそこです」とハイラムは言った。「あなたにはわかりきっていることでも、ごく最近までだれもわからなかった。アリストテレスおよびそれ以降の学者たちは、長きにわたってヒトの胚（胎児）はとても小さな赤ん坊として始まり、子宮の中で少しずつ大きく強く育つと考えていた。そして、今日でさえ多くの人々は進化を信じることができないでいる。むしろ世界とその創造物は創世記で述べられているように、はじめに前もって形成されていたと信じたがっている」

「こうした進化論の図式は」とケートは言った。「系統を確認するには効果的だけど、不完全で誤解を招きやすいわ。ウマにはそのウマの祖先以外にも必要なものがあるの。ウマがいるからには牧草がなければならない。牧草には表土がいる。表土は岩盤の崩れ、コケ、虫、甲虫の発生、堆肥をつくるバクテリア、動物のフンがなければ生じない。つまり、ウマ自身の進化の系統に加えて必要な多くの他の進化や系統には際限がない」

「そうだよ、その点をつぎに話そうと思っていた」とハイラムは言った。「これが発展の基本的三法則の最後になる。『発展は共発展（co-development）による』。つまり、発展は一系統としてはとらえられない。終わりがない系統の集まりとしてみてもだめだ。発展は相互依存関係にある共発展の網として機能する。クモの巣型の共発展がなければ、発展はありえない」

「君とケートは進化の過程が進んでいるケースについてだけ話しているのではないかね？」とアームブラスターはたずねた。「もうすでにとても複雑になっている場合のことではないか？　物事が複雑かつクモの巣状態になる以前は共発展なしの発展はたしかにあったにちがいない」

「共発展は分化の過程でつねに必要だったかもしれない」とハイラムは答えた。「考えてもみてください。地球は地球だけで太陽系に存在しているのではない」

「わかったよ。惑星は太陽を必要としており、さもなくば軌道を保てないと言いたいのだろう。だが、三角州のようなものはどういうふうに共発展が必要なのだろうか?」とアームブラスターはたずねた。

「三角州には水と砂の二つが必要です。いずれかがなければどちらも三角州をつくれないし、それぞれはお互いに共発展で生じたものです」とハイラムは答えた。

「現実的問題として、発展というのは単独では起こらない。動物の細胞はすべて、もちろんわれわれ自身の細胞も含めてですが、ミトコンドリアとよばれるバクテリアの子孫を保持している。そのミトコンドリアには固有の系統があり、それはミトコンドリアが生存している細胞の系統とは違う。ミトコンドリアには固有の遺伝物質があり、それは個々に進化したが、いまではミトコンドリアもわれわれの細胞も共生者であり、相互に依存している。もとはといえば、われわれの細胞とミトコンドリアは捕食者、餌食として共発展したのかもしれないけれど。

ミトコンドリアは私たちの細胞に力を与える。糖と酸素を結びつけてエネルギーを生みだす。簡単にいえば、ミトコンドリアは糖を燃焼させ動物に生命の炎を与える。

緑色植物の細胞は葉緑体とよばれる共発展した共生者から利益を得ている。葉緑体は日光を吸収し、それをエネルギーとして用いて二酸化炭素から植物の基本的食料である炭素を取りだす」

「葉緑体の廃棄物が酸素で、動物にはこれが必要だわ」とケートが言った。「ミトコンドリアの廃棄物は二酸化炭素で、植物に必要なものよ。植物も動物もどちらも、他のものなしに利用したり生存したりするのに適した環境をもつことはできなかったのでしょう」

「もちろん、発展が進むにつれてクモの巣型の共発展は次第に入り組むようになってきましたよ、アームブラスター」とハイラムは言った。「だが、お互いに影響し合う共発展が発展と同じくらいに古くからなされていたと考えるのは十分根拠のあることだ。共発展が複雑になってくると、発展と共発展にはいろいろな程度の協力が含まれるようになってくる」

「ほら、君は比喩を使って話を飛躍させようとしている」とアームブラスターは言った。「協力というからには自覚的な意図があるわけだ。植物や動物のあいだで知らずにやっていることを協力と言っていいのかい？　動植物にとってはそれはあるがままのことでしかないのに」

「その点ははっきり区別しにくいわ」とホーテンスは言った。「ボツワナから帰ってきたオレゴンの生態学者がハニーバードについて話してくれたわ。ハニーバードは蜜蠟を運ぶので知られている茶色い小さな生き物なの。でも、ハニーバードだけでは蜜や蠟を手に入れられない。刺されて死んでしまうから。そこで人の助けを求め、ハンターの注意を引き、ハチの巣へと導く。ハンターは火をいぶしてハチに打ち勝ち、巣の扉を破り、魅力あるとっておきの蜜をその鳥と分け合うんですって」

「それが協力というのはわかるよ」とアームブラスターは言った。「なぜって、ハンターは自分が協力してやっていることを自覚しているからね」

「まあ」とホーテンスは答えた。「でも、ハニーバードにはもうひとつちがった種の助っ人がいるわ。小さくて、スカンクに似た哺乳類よ。これこそハニーバードの伝統的な後援者だと、博物学者は考えている。その生き物はハニーバードを援護して巣まで行き、つの注意を引きつけ、案内する。その生き物はハニーバードを援護して巣まで行き、強力なにおいを撒き散らして巣に押し入る。そしてとっておきのものを分け合う。煙でいぶすということが協力行動というのなら、悪臭でいぶすのはどうなの」

アームブラスターが答える前に、ハイラムが認めた。「〝協力〟とは、まずい言葉を選んでしまったよ。たしかに協力関係にある人々のあいだでも、それは無意識のうちになされることもある。私の借家人は私が町にいないと寂しいと言っている。それは、彼が私の朝の目覚まし時計をあてにしているからだ。当方の無自覚的協力というところか。この世はそうしたことでいっぱいだ。ではこれから、相互依存について話そう。意図しようとしまいとは別にしてだよ」

「共発展、協力、共生、相互依存、どれをとっても」とアームブラスターはぶつぶつと言った。

「君たち三人の話しぶりでは自然は家畜小屋での飼育みたいだ。みんな仲よくムシャムシャ食っている。獰猛な競争はどこへ行ってしまったんだい？　牙と爪を血に染めた自然はどこにある？　適者生存、弱肉強食はどうした？」

「そう、競争はある。そして勝者と敗者がいる」とハイラムは言った。「敗者は死に、勝者は食べる。ホーテンスが説明したハニーバード、スカンクに似た哺乳類、そしてハンターは捕食者で、ハチの巣は餌食だ。だが、これで登場人物のキャスト全員がそろったわけではない。ハチと蜜は花がなければ生きられない。花はハチがいなければ生きられない、等々だ。言いかえると、生存競争は一定の場で起こる。その場が生息地だ。ジャングルに最もうまく適応したヒョウは、その生息地が失われると死者となる。そこで、生息地とは何か。それは相互依存の入り組んだ複雑なウェブだ」

「経済は相互依存の関係でできており、競争もするし共発展で結びつきもする」とアームブラスターは言った。「これらすべてに同意するよ。もうそろそろ経済発展について議論してもいいのではないかね？」

「はい」とハイラムは言った。「でも、最初の普遍的法則を忘れないようにしたいですね。発展は一般から発生する分化で、分化されたものは新たな一般性になり、そこからさらなる分化が発生することができる。このように発展の過程には終わりがなく、多様性を増しながら、だんだんといろいろな、多くの入り組んだ共発展の関係を生みだしていく。これらすべては、ひとつの単純そうな出来事が繰り返し、繰り返し、繰り返し、繰り返される結果だ」

「ちょうどフラクタルと同じね」とケートが言った。

「私もフラクタルとの関係を考えていたところだわ」とホーテンスが言った。「でも、それって何。どうしてそんなことを気にしなければならないの」

「フラクタルは複雑な形を備えているけれども、実際には同じモチーフが違った規模で繰り返されてつくられているの」とケートが言った。「たとえば筋肉は繊維組織のよじれた束よ。そうした繊維束のどれでも細かく分析してみると、それもまた繊維組織のよじれた束なの。その連続。これ以上縮小できないような、電子顕微鏡が必要なほど小さな繊維組織を見ても、分子のよじれた筋が見えるだけなの。それが現実世界のフラクタルよ。数学者は複雑性と変化とに魅せられてコンピューターを駆使してフラクタルをつくるけれども、そのフラクタルも繰り返しからつくられるのよ」

「フラクタルは注目すべきですよ」とハイラムが言った。「なぜなら基本パターンがわかりそのパターンが繰り返し生まれるのを見れば、理解できないように思える多くのことがずっとわかりやすくなるからね。それは他の方法では解けない複雑さに対処する方法だ。だから、私たちが述べてきたような発展の方法は、アリストテレスには理解できなかった。

もちろん発展はまだ謎に包まれている。森羅万象を単純なものから複雑なものへと駆りたてる力はなぜ存在するのか？　だが、仮になぜ発展するのかが不可解であっても、少なくとももどんなふうに発展するのかはわかるし、これには実際的な価値がある。特に経済発展のためには……」

「やっと来たか！」とアームブラスターは言った。「カセットを代えるので待ってくれないか」

「経済発展は他のあらゆる発展と同じパターンを見せる」。飲み物が改めて配られ、ホーテンスが台所をかき回しクラッカーとチーズの盛り合わせをつくったあとで、ハイラムは始めた。「動物でも植物でも、分化がたまたま新しい種に生じるときにこのことはいちばん明確になる」

「どうか自然には戻らないでほしい」とアームブラスターは言った。「特に農業と畜産業についてのね。人類は意識的に多くの新しい品種を開発した――新しい種ではないけれど、イヌ、ブタ、ヤギ、その他の動物の何千という新しい品種をね。それといっしょに食用、観賞用の植物の新品種と、植物についてはいくつかの新しい種をもね。こうしたことは望ましい分化を促進し、さらに促進に値する品種を選ぶことでなされた。野生のオレンジを食べたことがあるけれどひどい味ですよ。私の得意先のひとりは色調のちがう綿を開発している。染料など使わないでね」

われわれの遠い祖先は自分たちでつくったものなしに、道具と武器の開発を始めた。彼らは手に入る一般的なもので始めた――人間以外の自然の発展の所産としてすでにあったものを使ってね。棒切れ、石、骨、火等々。これら手に入れた一般的なものはハンマー、槍、掻器、突つき棒、たいまつへと分化した。ひとつの発展が別の発展を導き、弓、矢尻、網、いかだ、顔料、トランペット、マント、バッグなどへと分化した。分化が進めば進むほど、一般的なものもさらに増える。一般的なものが増えればさらなる発展への基礎がさらにひろがる、というように。

なぜなら、それが普遍的な発展過程だからです。経済発展は希薄な空気からは生まれない。経済発展には種類、系統があり、これは他の自然発展の形と同じだ。たとえば車輪の仲間を考えてみよう。最初に車輪が現われたときの原型である一般性は、はっきりとはわからない。それは先史人類史をずっとさかのぼって起きたことだから」

「でも、推測ならとてもうまくできるわ」とケートがさえぎった。「一番古く知られている荷馬車の車輪は木で、輻《や》(スポーク)はないが、がっしりしていた。だから車輪の原型種は、荷物の下に置くコロとして利用されている普通の丸太と考えるのがもっともらしいわ。丸太が輪切りにされ、中央を車軸が貫いたことが分化だったかもしれない」

「たぶんそうね」とホーテンスは言った。「でも、おもちゃも、とてももっともらしいわ。小さな硬い円、そう、根ショウガやウリの輪切りといったものを、お母さんが子どもと自分を喜ばせるために棒でくるくる回すといったことを思い浮かべているの。果物や野菜のほうが丸太より切りやすいもの。棒で穴を開けてくるくる回すもので遊んだ子どもは、大きくなって車輪を発明するようになったのかもしれない」

「その場合、一般性は取るに足らない小さなことだったのだろうね」とハイラムは言った。

「固い材料を使い、同じ形のものを大型にしたことが分化の重要なところだったのだろう、たぶんね。発展の多くは観賞や娯楽で始まっている。最初の鉄道はロンドン観光用で、そうした目的のためにつくられたものだった。

車輪に進化樹があるとしよう。その根っこにあるものは何か転がる物体、木とか他の植物といったもので、分化して硬い木製の車輪が生じる。そこから枝分かれするのはより軽く、より強い輻付きの車輪だろう。今度はそれが新たな一般性となり、二輪馬車の車輪、糸車の車輪、機関車、自動車、トラック、飛行機の車輪、舵輪、軽く強く輻が一点で接した自転車の車輪などが出てくる原型になる。

輻付き車輪から枝分かれした主要なものは、縁のない輻付き車輪がたくさんある。水車、風車、扇風機、汽船の外輪、プロペラ、ミキサー。

古い硬い車輪に注意を戻すと、他の輻付きでない車輪に枝分かれしているのがわかる。ろくろ、巻き上げ機、鋸歯状の歯車、丸のこ、回転ダイアル、蓄音機の回転盤、映写機、等々。

車輪の進化樹の根元に位置したかどうかという粗末な丸太のコロに関しては、そこから分化して、サトウキビの圧搾機、めん棒、滑車、薄板鋼を作るローラー、印刷輪転機、ヘヤーカーラーなどが出てくる」

「とてもすてきよ」とケートが言った。「驚くべき時代錯誤があるけれどね。でも、ミスリーディングだわ。車の車輪が糸車より先に生まれたというのは当然だと思うわ。けれども単独で取りあげると、車の車輪で糸車について説明できることはほとんどないわ。糸紡ぎには紡ぎ糸をつくるための繊維と紡ぎ糸を使う機が必要なの。それに、あなたの車輪の系統では、荷車製造人が歯車を開発したような感じだわ。風車の大工やぜんまいで動く玩具の製造業者のほうがもっとそれらしいのに。自転車の車輪は針金、ねじくぎなしではできないわ。針金、ねじくぎの系統樹というのはどこに――」

「先走りすぎだよ、ケート」とハイラムは言った。「そう、車輪の樹は生物学的な系統樹とまさに同じ理由でミスリーディングだね。というのは、その仮想図は発展に関して入り組んだ網の目思考ではなく直線的思考にもとづいているからさ。共発展という入り組んだ関係をもたない発展は、生物学的な発展でもそうだが、経済にとってもありえないことなのだよ」

「イカロスの神話がそうだ」とアームブラスターが言った。「父親は息子イカロスに羽毛の翼をつくり蠟で固定したが、イカロスがあまりに太陽に近づきすぎたので蠟が溶けてしまった。だが、羽毛と蠟は人類の飛行道具を生みだす分化としては理屈に合わない一般性だ。君の口調が乗り移ったよ、ハイラム」

「ギリシャ人はそうした神話解釈はしていないわ」とホーテンスが言った。「ともかくイカロスは飛んだのよ。父親ダイダロスは飛び、そして安全に着地した。ギリシャ人は技術を詳しくは説明しようとしているわけではないの。あなたは神話に後知恵のこじつけをしているわ、アームブラスター」

「タイタニック号の難破はアームブラスターが強調したのと本質的には同じことを示している」とケートは言った。「船が建造された当時、そして処女航海に船出した一九一二年には、冶金術は機械工学ほどには進んでいなかった。技師は移動可能な人工の巨大な物体を設計したけれど、使用した鋼鉄は船の大きさから生じる圧力にもちこたえきれずに、氷山のちょっとした衝撃に砕けてしまった。その当時では最高の鋼鉄だったのに」

「イカロスの話にはぞっとする」とハイラムは言った。「時代に先んじている発明家に思いを馳せると胸が痛むよ。たしかに、生存に適する温度で最上の陶磁器をつくることができることはアワビで証明されている。だが、それって鳥をみて空を飛べると思いめぐらせている古代ギリシャ人のようなものかもしれない」

「ほかの目的のために考えだされた共発展が役立つのでなければならない、そうじゃないか?」とアームブラスターは言った。「ハイラム、君に訊きたいんだが、昔ながらの経済で一般的だったものはその後の発展でゆくゆくはすたれてしまうのだろうか?」

「ことによると、本当にいちばん古い経済で一般的だったものは分配(sharing)の習慣かもしれません」とハイラムは答えた。「それというのも無原則な偶然の分配ではなくて、制度化された社会的慣習としての計算ずくで意図された分配のことです。私たちのほかには、私たちと最も類似した霊長類の仲間、チンパンジー、ボノボがよく配慮された、社会的に公式化された分配を行っている。これは、その慣習が私たち三者の共通の祖先、人類出現以前の時代にまでさかのぼるということかもしれない。経済生活に関するかぎり、分配から発生した主要な分化は取引の慣習だった。英語の古い表現形式はその発達上の関係をきちんと記録している。古英語には『与える』を意味する動詞があった。『取引する』を意味する動詞句もあった。これは文字どおりにいって『価値をもって与える』という意味であり、つまり価格と交換に与えることだ。私たちの言葉で売るというのは、取引するという句の一部を切りつめたところ、文字どおり『与える』を意味する部分からきている。

いくどもいくども、人間集団は分配と奪取の双方から取引を分化させたにちがいない。取引はそれ自体が一般性となり、交通、通信、金融、市場、貯蔵などの面でさらなる経済的分化を生みだす豊かな源泉でありつづけている」

「契約、所有権、債務を含む法律の規約」とホーテンスは言った。「それに遠距離協力、見知らぬ人との関係を含む社会規約についての発達の面でも」

「古くから存在するが、分配はやはり可能性の豊かな一般性です」とハイラムはつづけた。「経済発展がまだそこから現われている。一九九六年に偶然見たレポートによると、トロントにある商業企業の景気のいい一団は、中古ジーンズをキューバに、コート（外套）をロシアに、そしてよれよれの衣類をインドへと運び、糸にリサイクルする。レポートは報じているが、残ったものはモントリオールへと運び、自動車の座席の詰め物へとリサイクルされる。このリサイクル衣料は、もうそれを着なくなった人々からのものだ。彼らは古着選り分け人、荷送り人に直接渡すこともある。また時には慈善団体に渡し、施設がそれを選り分け人に売る。こうした営利企業の目新しい点は、寄贈者のために便利なサービスを考えだし、自分たちのために労働節約的な仕組みを考案したことだ。自宅の前に寄贈品を置いていい日を家庭に知らせるのには電話やチラシを使う。こうした仕組みは、いまでは衣料を集める慈善団体がまねをしている」

「こうしたちょっとした改良でさえ電話、印刷、交通といった共発展を利用しているのに注目してね」とケートが言った。

「それに小売店が引き込まれている」とハイラムは言った。「地方の中古品店には、慈善に頼るものも頼らないものもあるが、寄贈品を最初に取りあげる。古着選り分け人は分配という古くさい一般性をこの効果的な仕組みに組み込み、まだ十分満たされていない経済ニッチ（隙間）の中に自らの可能性をちらりと見たわけだ」

「必ずしも分配や取引と同じように古くはないけれど、ほかにも可能性をもつ古くからの一般性があるわ」とケートは言った。「でも、とても思いがけなかった。昨日、コンピューターチップの最新で最優秀のタイプについて近刊号に載る小記事を編集していたの。その創案者たちは、ほかの共発展も利用したうえで、とてもよく精製された銅線を使用する技術を応用した。この技術は一五世紀にトレドの宝石職人によって開発されたものよ。それで今は時代遅れとなった一般性について考えさせられたわ。もしそうした一般性を必要としている人がそれを見つければ、もっとも目立たない、取るに足らない一般性だって潜在的、経済的にはどんなに実り多いものになることか。経済における仕事の種類は生態系の遺伝子プールと同等だわ。だから、仕事について絶滅寸前の種を見張っているのは賢明なことよ」

「軽装馬車の御者が使うむちをつくるというような？」とホーテンスはたずねた。

「むちは絶滅寸前の種ではないし、どうやってつくるかという知識も絶滅に瀕してはいないわ。馬車の御者用のむちは陳腐化についてのうんざりする決まり文句よ。でも、手動のタイプライターは急速に姿を消している。機械工はその製作はもちろん、修理法さえ学んでいるかどうかかね」

「人類学者は、自分たちが研究しているはるか遠い地に生きていた人々が使用した絶滅寸前の技術をしばしば記録しているわ」とホーテンスは言った。「そして特許庁の公式記録がある。美術館学芸員が織物、陶磁器、ガラス、宝石、楽器などをつくった古代テクノロジーの標本、時には情報をいかに保存しているかをみて。思ったのだけれど、私たちは経済的遺伝子プールの保存装置にはかなり恵まれている。でも、ケート、あなたが注意をしたけれど、跡をたどっていくことがいつも重要にはちがいないわ。絨毯を集めている友人が話していたけれど、あるトルコ人の村人はオリエンタルの美しい絨毯をもう一度つくっているそうよ。とてもすばらしいアンティークなものと同じようにすてきなものよ。一九〇〇年ごろに草木染めからアニリン染料に変わってからほとんど忘れ去られていた製法を再生したおかげですって。草木染めはより微妙でより柔らかい色を出すだけでなくて、ウールをよりよく保つ。さらに、けばけばしい化学染料が外から購入されていたときには、村人は怠惰でほかに頼るようになってしまったけれども、いまではその土地の植物をつくったり探したりして働いているそうよ。このことは織り手のモラールに影響を与えている。想像するに、織り手は自分たちが一生懸命に働いているときには何もしてくれなかった人々に腹を立てていたのだと思う。そして、モラールの改善は明らかに織物の質に影響している、と私の聡明な友人は言っていたわ」

「でも、明らかに草木染めの技能は仕事の遺伝子プールからなくなってはいなかったわけね」とケートが言った。

「すんでのところで」とホーテンスは言った。「かろうじてなんとか大丈夫だった。ほんの数人の曾祖母たちはまだ知っていた。一九世紀の旅人がつけた日誌や日記から探して見つけだした情報もあるそうよ」

「あなたは古くて美しいものを強調している」とケートが言った。「それはそれで結構だけれど、いまやなくなりそうな単調な仕事や製品はどうなの？　そうしたものは必ずしもそれほど古いというわけではないわ。アームブラスター、あなたがいまここでとっているこの録音にしても、再生されずにすぐに消えてしまうかもしれない。四〇年前に録音された五〇リールのインタビューがカナダの調査委員会にとって重要になった。テープを録音し再生するのに使用したウィーンの技術はかつて国際的成功を収めたが、国際的に調査をしたところ、こうしたテープを再生する機械はいまはひとつもないことが判明した。リールの直径が変わる際にリールを巻いたり戻したりするスピードをどう調節するか、これが問題だった。そのテープの内容を修復するのは、洞窟や沼地にある古代遺跡から出土した工芸品を復元するのと同じように恐ろしく細心の注意を要した。コンピューターは急速に発達しているので、わずか一二年前に記録された情報を読み解くことのできるものはほとんど残っていない。りんごや豆の標本の種類を保存しはじめたのと同じようにきちんと仕事の標本を保存しておかなければ、〝知識の時代〟は〝失われた知識の時代〟になりかねない。さらに」と、ケートはあとから思いついたように言った。「都市でとんでもないルートに沿って費用のかかる輸送路線を建設し、そしてその路線が十分に使われないのはなぜかといぶかしんでいるのをみると、よい輸送ルートの選び方という知恵もまた失われつつあるような気がするわ」

「それは、地下鉄や路面電車をどこに、そしてなぜ走らせているかを知っている人たちがみんな亡くなったり、ずっと前に引退してしまったからだ」とアームブラスターは言った。「交通技師は自分たちがトラック、乗用車のルートについて学んだことを生かそうとしているが、これは適切ではない。地下鉄や路面電車とは別の問題だ。ところで、わき道にそれているよ。ハイラム、経済は自然発展の方法を模倣しているという君の考えを認めるよ。さあ、つぎへ移ろう」

ハイラムはまゆをひそめ、がっかりした表情をした。「私が明確に述べなかったのでしょうね」とハイラムは言った。「経済成長が自然を模倣しているというのではない。むしろ、経済成長は、その他の自然が用いているのと同じ普遍的法則を用いているということだ。それに代わるものを他の方法で発展させることはできない。他の方法など存在しない。

進化論的・生物学的発展過程にだれかが気づきはじめるより何千年も前に、人々は穀物品種の分化に努めていた。ミトコンドリアや葉緑体のような共生者にだれかが気づくより何千年も前に、人々は基本的にちがった経済系統の素材と装置を組み合わせていた。今日、教育を受けた人々は人間以外の自然に存在する共生者に気づいているが、そのときでさえ、シリコンチップをタイプライターのキーボードと結びつけた——あるいは異なった経済系統に属する装置と材料を結びつけた——創案者は動物の細胞、ミトコンドリアなどを模倣しているわけではない。むしろ、創案者が発展・共発展の普遍的方法を用いるのは、それ以外には方法がないという立派な理由があるからだ。経済発展は自然発展の別の形なのだ」

「これは、知的興味に満ちた経済生活の見方だ」とアームブラスターは言った。「でも、君がまさにいま言ったことからすれば、それはアカデミックな情報でしかない。人々は普遍的過程・法則を用いるのに、そうしたものを認識する必要はない。そうであれば、経済発展は一般から発生した分化であるということを知って、何か実践的価値あるいは利点があるのかい?」

「ありますとも」とハイラムは答えた。「発展はできあがった事物の集積ではなくて、むしろ事物を生みだす過程だということを教える。これを知らないので、政府、その開発・援助機関・世界銀行、そして公衆の多くは発展について誤った〝物の理論〟を信用してしまう。〝物の理論〟では発展を工場、ダム、学校、トラクターといったような物を所有している結果だと想定している。しばしばインフラストラクチャーのカテゴリーに入る多くのものをね。

しかしながら、もしある町やその他の居住区に発展過程がないのなら、そこで与えられたり売られたりするものは、単にどこかほかの地での発展過程の産物にすぎない。そうした産物があるからといって神秘的にも発展過程が起こったりはしない。ものさえあれば発展を起こすには十分だと仮定すると、誤った期待を引き起こし、無駄になる。さらに悪いことには、そうしたものが手に入るおかげで発展を促進する措置がとられなくなってしまう」

「たとえば？」とアームブラスターがたずねた。

「過程がどのように作用するか、そのためにはその過程が必要とするのは何かを考えてみてください」とハイラムは言った。

「そうだな、経済的に創造的な人々が必要になるね」

「ええ、私たち人類は自然に創造力を身につける。それは素質か環境か、はたまたいずれともかを問わず、ある人はほかの人よりはるかに創造的だ。いくども、それは最も思いがけぬ場所でひょっこりと現われる。

さて、住民の一部がジェンダー、人種、身分制度、宗教、社会的階級、イデオロギーまたは何であれ、そうしたものに付随する差別により経済的創造性、独創性を発揮できないでいるとしよう。そうした人々が従事する種類の仕事は自動的に不毛なものにされている。つまり、彼らは新しい分化から発生した一般にはなりえないので将来の分化をもたらしえない。もし特定の仕事に従事している人々がこれらの仕事を発展への基礎として用いることができないならば、その経済ではほかのだれも、その仕事を発展への基礎とすることはできそうもない。ケートが話してくれたチップの発案者は、私がお話しした古着選り分け人のような経済ニッチは見つけられない。逆もしかり。経済を発展させたり共発展させるにはいろいろな種類の仕事が必要だ」

ホーテンスは熱心に大きな声で話した。「女性に過酷で、女性の仕事を軽蔑する社会が経済的にとても遅れている理由がそれだわ。人口の半分を占める女性は経済的に重要な仕事に従事している。たとえば料理・食品加工、掃除・洗濯、衣服縫製、家庭療法などで。でも、彼女たちはその仕事を発展させるのにイニシアティブをとれない。ほかのだれにもそれはできないのよ。男性優位の社会が哀れむべき弱い経済でありがちなのは驚くべきことではないわ」

「農奴制、インドのようなカースト制、奴隷制は社会的虐待というだけではない」とハイラムは言った。「それらは経済にとって大きなハンディキャップです。農奴、カースト制の賤民や奴隷が従事している種類の仕事の発展を文字どおり邪魔している。そうした社会では、ほかにだれもそれらの仕事を発展させられない。

自分たちの仕事を発展させるのに、天才であったり、飛びぬけた才能をもつ必要などない。求められるのはイニシアティブと臨機応変の才能だ。くじけないとか抑圧されないときには人類はそうした資質に恵まれている。それは、多くの移民や彼らの子どもたちが圧政的な伝統的社会からより開放的な社会へ移動すると、その行動が変化することに明確に現われている。

ソビエト連邦では発展のイニシアティブと意思決定は官僚に握られていた。期待どおり、官僚的・軍事的な仕事では発展がおおいに進んだが、それ以外の仕事ではほとんど発展はみられなかった。ソビエト連邦の経済計画を実行した官僚制度の八〇〇万人の従業者は、発展における〝物の理論〟の信奉者だった。しかし、そうしたことはわれわれ自身の政策立案者、政治家、そして役人の多くにも同時にあてはまる。

発展過程を消極的ではなくむしろ積極的に重んじようとするならば、あらゆる種類の差別をなくしていくことが経済的に建設的なことだと納得がいく。私が言いたいのは、基本の経済過程は私たちに何ができ、いかにするのかに限界を課しているだけではなく、その基本過程に沿って働くように誘いかけるということだ」

「独占はどうなの？」とホーテンスはたずねた。「独占を回避するのはよい発展政策ではないのかしら？」

「よい政策だとも。なぜなら、いろいろな分野の仕事を独占すると、多くの種類の一般性を独占してしまうことになるからね。たとえば最近まで郵便サービスを独占していた郵政制度のように」

「でも、自然独占というのはないのかい？」とアームブラスターは不満の意を表わした。

「唯一考えられるのは太陽だ」とハイラムは言った。「太陽は光の源泉を独占している。だけど、太陽はわれわれが火を燃やしたり白熱電球のスイッチを入れるのを妨害はしない――」

ハイラムをさえぎってケートは抗議した。「生物は平気で競争相手を抑圧するわ。クログルミの木はジュグロンを出す。これは下草を駆除する除草剤よ。ヤグルマギクは牧場を荒らす。家畜を害するうえに、ほかの植物をだめにする除草剤を放つの。縄張りを自分のものだと思い込んでいるときのオオカミと鳥はどうなの？」

「ジュグロンは資源を独占するというよりは、むしろ寄生植物を妨害するための適応だといえる」とハイラムは答えた。「とにかく自然の除草剤は独占を確立するのにあまり効果的ではない。クログルミの木は今日、地球上の森林の中で優位な立場になっていないし、その森がきわめて貴重だと認められる前でさえ一度も優位ではなかった。オオカミとアオカケスについては、ハンターに対して自分の領地に禁猟の掲示をしたり不法侵入者を起訴すると警告する地主に似ている。経済的独占は市場や商品をコントロールするものだ」

「あたかもハミングバードがハチに蜜をとらせなかったり、果樹園で花粉を散布するのを邪魔しておきながら」とホーテンスが言った。「自然は地上高く果樹の花を咲かせたので、規制は自然なことだと言い張っているかのようにね」

「発展できるかどうかは、競争への適応がうまくいくかどうかためすことによるところが大きい」とハイラムは言った。「自然は独占を忌み嫌うといっていいでしょう、アームブラスター」

「独占は発展の機会を台無しにするという君の主張はわかった」とアームブラスターは言った。

「でも、独占をそんなに単純に片付けていいのだろうか。クログルミやヤグルマギクは、仮にそれらに除草剤という強味がなかったとしたら足がかりを得ることはなく、いまごろは絶滅していたかもしれない。もちろん私が本当に関心あるのは経済的独占だ。独占が確立されたとき、独占企業はしばしば機敏で、有望で、大胆で創造的だ。かつて郵政制度は機敏で、有望だった時代があった。輸送システムも同様だった。信じようと信じまいとご勝手だがね。多くの発電施設、路面電車線、電話システム、鉄道、地下鉄などが立ち上げられ、競争相手から保護されていたので運営をつづけた。さらに、経済的な正当性もある。利用可能な資本を競争者同士のあいだで分散させたり浪費したりするより、独占を利用したほうがより効率的なことがあるからね。というのは競争相手は相互に安売りし合うし、いくつかの競争相手はきっと失敗をするだろうから」

「独占の形成に対してどんな正当性があろうと」とホーテンスは言った。「独占はすべてそうだけれど、結局は愚かで旧弊でやめるにやめられないものになるわ。特権的輸送ルートの所有者は、そもそもその特権をたぶん買収で得たのだろうけど、まあ、買収であろうとなかろうと、その所有者はなぜ車輛、運賃、雇用制策、サービスに関して無期限に自由競争から保護されなければならないのか。電気会社、電話会社の独占的支配力が崩れ去る前に、いかに多くの訴訟、苛立ち、そして時間が費やされたか考えてもみてよ。さらに悪いことに、塩、マッチ、そしてその他すべての品物について、征服者が売り買いしたいもののすべてに設定した独占を振り切ろうと、征服された民族があがいているのを考えてもみて」

「君はハドソン湾会社とオランダ東インド会社のようなことを言っているのかね?」とアームブラスターはたずねた。

「典型的な帝国主義経済だ」とハイラムは言った。「それを発展のしるしとして持ちだすのは絶対にまずいよ。ホーテンスの言うことには一理ある。だが、アームブラスターにも一理ある。特許保護は発明の権利所有者をその発明を利用しようとしている競争相手から守る独占の付与であり、競争から保護することは何か新しい発展に有効に働くというアームブラスターの言い分を認めるものだ。しかし、特許はほんのある限られた期間だけ保護を認める点ではホーテンスの主張を認めてもいる」

「標準化もまた発展をだめにする」とハイラムはつづけた。「目標を標準化するのは必ずしもいけなくはない。でも手段を標準化してはだめなのだ」

「例をあげてみてくれないかね」とアームブラスターは言った。

「私たちは下水処理の結果について基準がほしいし、必要です」とハイラムが答えた。「でも、そうした結果を得るために標準化された方法を用いようとするのは、ばかげている。方法を自動的に規定すると、よりすぐれた方法が発展するのをじゃますることになる。ところで、この法則はあらゆる種類の事柄にあてはまる。窓に標準枠はいらないでしょう？　祖母のジェニーがよく言っていましたが、『バターで窒息死させるよりほかにもネコを殺す方法はもっとある』――ことわざなのだが翻訳したので話がうまくつながらなくなっているけれどね」

「成長が経済発展において重要なファクターであることはたしかだ」とアームブラスターは言った。「でも、君は成長のことについて何も言っていない。その言葉をおくびにさえ出さなかった。それが聞こえないかとずっと耳を澄ましていたんだよ」

ハイラムは疲れて見えた。彼は薄い髪に指をさっと走らせ、一瞬沈黙し、そして言った。「発展は質的な変化で、拡大は量的な変化だ。この二つは密接に関連しているが、同じことではない。ある点で経済拡大は発展より不可解だ。私にはわからなかった洞察を父親が示してくれるまで、拡大には手をやいていた」

「君のお父さんにお会いしたいな」とアームブラスターは言った。「おうちはどちらだい？」

「ニュージャージーです。そうだ、いい考えがある。拡大に興味があるのだから、あなたとケートでホーボーケンのわが家へ午後から夕方にかけて来ませんか。ホーテンスも来るし、父も来る。そうしたいなら、テープレコーダーをもってきても結構ですよ。でも、アームブラスター、言っておきますが、生態系の拡大についての情報を我慢して聞かなければならないでしょうね」

「それにしても」と、ケートはコートを着ながら言った。「人間が人間の経済に対してなしていることを認識しようとするのに、人間以外の自然を参考にしなければならないというのはおかしいといえばおかしいわね」

「『なんじ自身を知れ』」とホーテンスは言った。「この言葉は簡単なアドバイスのようだけれど、ただ自分の内側だけを見ていたのではそれはわからない。他を知り、自分たちとどのように関係があるかを知ることで少しは自分自身がわかる。集団の人々は自己の集団を見るだけではなく、他の集団とも比較したり、他の集団との関係を見守ることで自分たちの独自性を確認する。人類は人間であることが何であるか、ただ単に人間の生活を見るだけではたぶん知りえない。あら、フラクタルをつくってしまったわ！」

第3章　拡大の本質

ハイラムの家は、二〇世紀はじめからある都会風赤褐色砂岩レンガ建てで、隣近所と同じく手すり付き玄関階段があり、窓が高かった。ハイラムの父が袖付き安楽椅子から立ってケートとアームブラスターに挨拶したのは、リビングルームでだった。その部屋は無雑作に家具が置かれていたが、ごみごみせずまた気どってもおらず、住み心地のよさで好印象を与えた。写真ではなく、作りつけの書棚が壁を覆っていた。ケートはその後ろにあるダイニングルームに目をとめた。そのドアは閉まっていたが、裏庭に突きだしたキッチンと寝室のある一角に通じていることは、あとでわかった。ハイラムの仕事部屋はその下、地下室にあった。

ミスター・マレーはアームブラスターやケートが思い描いていたような寸分隙のない出で立ちではなかった。顔は日焼けし、フランネルのシャツを着込み、L・L・ビーン社製ブーツをはいたところは、息子のハイラム以上にエコロジストらしく見えた。ケートがミスター付きでよびかけると「ミスターなしでマレーとよんでください。子どものときからたいていの人はそうしてきた。ミスターとマレーとがいっしょくたになるから」とマレーは言った。

「ハイラムの話だと、名前に三世という数字を入れるのがお好きだとか」とケートが言った。

マレーは顔を輝かせた。「祖父と父との記憶に敬意を表してね――二人ともすばらしい人で、いつ自由にまかせるかを心得ていた」

「何を自由にまかせるのですか？」とアームブラスターが質問した。

「次の世代の人生選択を自由にまかせるのだ。ご興味ある？」。アームブラスターが頷くのを許可を得たしるしとして、マレーは話をつづけた。「祖父はニューヨーク州北部の酪農家で――非常に進歩的な人だった。自分の小さなダムと発電機をもったのは、電力会社がその地域に進出してくるずっと以前のことだった。搾乳機はもっていなかった――まだ発明されていなかったからね。電動バターかき混ぜ機を備えつけようと一生懸命だったが、これはうまくいかなかった。氷を入れずに樽詰めバターをヨーロッパの博覧会に出品したものだった。一度は入賞したよ――ベルギーの博覧会だった。その賞状を家畜小屋に飾って、牛の励みになると冗談を言った。祖父は科学的農業の熱烈な信奉者で、父をコーネル大学の農学部に入れた。農場を受け継いでほしかったのだろう」

「でも受け継がなかった？」とケートが口をはさんだ。

「受け継がなかった。土木工学が当時若者の心を躍らせていた。父は工学部に転部した。最初の仕事はニューヨーク市にウェストチェスターからの水がちゃんと供給されるよう監督することだった。それから地下鉄の設計で身を立てた。路線技師長補佐にまで昇り詰めたよ」

「農場はどうなったの」とホーテンスが訊いた。

「一九二〇年に従兄弟に売られた。それを大恐慌でなくしてしまった。次の所有者も破産した。その次の一家は夏には来て住んだが、農業はやらなかった。いまでは農場もない。七〇年代に道路と駐車場と商店街に切り分けられた――ひどい眺めだ。小川も下水管に入れられてしまった」

「それであなたは」とアームブラスターが訊いた。

「工学部に入学したが、経済学に転進した。農業科目もいくつか取ったよ。農業経済学を専攻するつもりだった。しかし戦後、新しい投資信託会社に足がかりを得て、そこにとどまった。仕事は面白かったよ。ニュースの二、三歩先に跳んでいるように心がけた。妻のアンバーは、出身が私とはまったくちがう。ハイラムがこの家を手に入れたのはそのおかげだ。アンバーの父ジョエルは古典的な文無し移民だった。彼がアメリカに来たのは一九〇八年、ポーランドのクラクフ近郊の農村の若者だった。ジョエルは父親から靴直しを教わっていた」

「靴づくりをしてこの大きな家を買ったわけ？」とアームブラスターが訊いた。

「いいや、ジョエルは最初ウォールストリート地区の靴修理店で靴磨き、靴直しをした。店主もポーランド人だった。当時ニューヨーク市には小さな靴修理店がいっぱいあった。二、三ブロックも行けば一軒はあるという具合だ。いまでは一軒も見つかるまいがね。古靴は捨てられる。革靴以外の靴や履き捨て用の靴が増えたしね」

ケートは、技能は経済では遺伝子のプールに相当するという自分の考えに戻って、質問した。

「靴直しは絶滅の危機に瀕しているのかしら？」

マレーはこの質問に驚いたようだった。目を細めて考えて、答えた。「絶滅はしないさ。注文で靴を誂える人がまだ十分いる間はね。三、四年後に店主は健康を損ない、ジョエルに店を年賦で売った。そこでジョエルは二つのことをした。故郷の村にジェニーをよびにやった。幼なじみの恋人だ。それから靴の小物を貯め置きしはじめた。ヒール、革底、靴紐、ひも通し穴、靴墨、糸、針、糸につける蠟、――そんなものだ。電話を引き、配達ボーイを雇い、マンハッタンの下町の他の靴修理店に小物を卸した。ジェニーは帳簿をつけ」

「英語がわかったの？」とホーテンスが訊いた。

「急速に身につけた。でも、アクセントはいつまでたってもぎごちなかったな。小物の商売が成長したので、ジョエルは靴直しをやめた。二人がこぢんまりとした店を開いたのはソーホーで、そこはいまでこそ流行の先端を行っているが、当時は零細工業の密集地だった。ジェニーは周囲を見回し、ジョエルを説得してベルトとハンドバッグメーカーの小物類も加えさせた。留め金、バックル、フレーム、特製の編み紐、裏張り材料、等々。ジェニーはファッション雑誌に目を通し、日曜日には五番街へ行って教会に出かける群衆を観察した。靴、ベルト、ハンドバッグに関することは、けっして見逃さなかった。ジェニーとジョエルはいちばん多いときには販売員を四人も雇っていた。アンバーは高校の商業科に通い、クラス一番で卒業した。非常に利発だった——ハイラムの頭がいいのはそのせいだ」

「アンバーとはどうして出会ったの?」とホーテンスが訊いた。

「戦争直後だった。彼女が私の勤めている投資信託の店に友人の秘書を訪ねてきた。ブロードウェーでの凱旋行進を見ようというわけだ。窓から投げるのに相場通信機テープをどっさりあげた。そしてお互い好きになった。アンバーと私はこの家に住まなかった。アンバーはハイラムが大きくなるまでこの家を賃貸に出し、成人したらハイラムを住まわせ、死後は遺産として残した。ここの街路は下り坂だが、ホーボーケンは上り調子だ——芸術家や歌手が移り住むようになるといい住宅地になると、ハイラムには言っておいた」

「賃借人は二人とも音楽家だ」とハイラムは言った。「ひとりはとてもうまくやっているので引っ越していなくなるかもしれない。小さなバンドの女性テナーサックス奏者だ。ここジャージーのクラブで始めたが、いまではほとんどいつもツアーに出ている。賃貸用に部屋を改装したときには、一部屋は息子のジョエル用にと思っていたが、西海岸に行ってしまった」

「お仕事は何？」

「何というか。ただいま現在はソーシャルワーカー兼ロビイストになって、ホームレスを助けたいらしい。どうなることか」

「まだ戻ってくるかもしれないぞ」とマレーが言った。「足下のニューヨークにだってホームレスはたくさんいる。靴修理のような衰退産業ではないよ」

「さあ、仕事にとりかかろう」とハイラムが言った。「どこへレコーダーをつなぐべきかな」

「テーマは経済拡大のはずだろう」とアームブラスターは、機械をつなぎテストしながら言った。

「さあ話して」

「自然における拡大から始めるよ。拡大の見せどころで最大の驚異は、地球におけるバイオマスの体積の大きさ、重量の大きさそのものだ。生命の誕生以前の無から拡大を始め、いまでは地上の動植物の巨大な集団を含むまでになっている。もちろん何十億もの人間もその中に入っている。地球上のバイオマスは普通に認識されている以上に大きい。微生物が全バイオマス量の七五％から八〇％を占めると思われている。微生物学者は、地表やその近くよりも地下深くに棲んでいる微生物のほうが多いと、いまでは考えている。バクテリアは氷河の下でも生きている。生きているものすべてに加えて、遺物が蓄積されていく。化石燃料、表土の堆肥や虫のフン、白亜、石灰石、石灰華、大理石をつくる古い貝殻、建造物の木の梁、紙、いま着ている衣服、そのほか何兆何十兆という生きとし生けるものの遺物がある」

「発展、共発展なしには拡大も多様性もありえなかったはずよ」とケートが言った。「そのとおり。発展と拡大はしっかり結ばれている。どれかができればほかもできる。しかし謎なのは、どのようにそれらは結びついているかということだ。理論的には、新しく成功したものは古いものを追いだす。だが実際には、このことは起きていない。経済生活においても、人間以外の自然においても。なぜか？　バイオマスはどのようにして拡大するのだろうか。考えてみよう。正しい場所、正しいときに見れば、追いだしが起きているのを見ることができる」

「アディロンダックスへの道すがら、古い農園でバイオマスが拡大しているのをよく見かけたものさ」とマレーが言った。「牛が売り払われたあとで、その場所が荒廃しようとしているときに」

「荒廃か回復かは着眼点次第ですよ」とハイラムは言った。「生態系としては、駐車場、舗装道路、ビルディングによって荒廃している。しかし、しばらくすると、放棄された牧草地や干し草刈り場は、豊かな生命の場へと大きく変化する。同じ現象は休耕中の小麦畑や不毛のタバコ農場でも見られる。そこの泥土は刈り草の覆いもない。しかし放っておけば、この棄てられた畑に迷子の種子が侵入し、ところどころに雑草が生える。はじめは一エーカーに少ししかなく、手押し車の下部を覆うにも足りない。しかし頑丈なゴボウやアザミに、より繊細なハコベ、タンポポ、野草の茂み、ブドウ、キイチゴの灌木、先駆植物の若木、地衣類、コケが次第に加わり、やがて寸土も余さなくなる。でも不思議なことに、バイオマスの拡大はなおも継続するのだ。拡大の余地が大きかったように見えたときよりもいっそう急速に。若木は高くなり、さらに高くなる種に追い除けられる。スミレの草むらは繁茂する。下生えのもつれはきつくなる。虫、甲虫、アリ、そしてチョウチョウのちっぽけな生き物たちに、他の昆虫種が参加する。鳥や小哺乳動物も加わる。腐葉土や動物のフンと死体の中で、どれだけ多くの種類のバクテリアが繁殖しつつあるか、だれにもわからない。アカオオヤマネコ（ボブキャット）が二、三匹、それにキツネのつがいが忍び込んでくる。そしてネズミ、トガリネズミ、ハタネズミ、スカンク、ウサギ、ヘビ、キツツキ、またフクロウが合流する」

「いや、少しほらを吹いているぞ」とマレーが言った。「アカオオヤマネコが旧農園に棲みつくとは思えない。確かにキツネは来る。はぐれ飼いネコもね。それに一度、あれこれ探しまわっていて、アライグマを見かけた。でもアカオオヤマネコにしては、野生味が足りない。大きさも足りなかったよ、ハイラム」

「わかりました。アカオオヤマネコは取り消します。とにかく、ある点でノアの箱舟の復活の部分は完全になしとげられる。環境に適していると思う近隣の現存種はすべて参加する。それでもバイオマスはなお拡大するのだ。木は大きく、コケは濃く、葡萄の蔓は長く、種はさらに多く、キノコは膨らみ、ミミズは太り、リスは満ちあふれ、コケはさらに盛りあがる。何に依存して誇張しているのか？　豊かな環境があるからか？　しかし、環境を豊かにしてきたのは動植物が拡張したからともいえる。どうしてこういうことが起こりうるのか」

「あなたは太陽を置いてけぼりにしているわ」とケートが言った。

「そうです。太陽がここへ出てくる。まったくそのとおりです。いわゆる自己持続的システムは実際には自己持続的ではない。それは外部からのエネルギー注入を必要とする。気象、河川、海洋も含めて、地球上のすべてのシステムについてそうです。われわれ自身、燃料を必要としている。機械も燃料あるいはその他の馬力、人力のような推進エネルギーを必要とする。微生物の中にはエネルギー源を地球内部からの熱と化学物質の投入に求めるらしいものもある。しかしこれを例外とすれば、究極の地球エネルギー投入の源泉は太陽光だ。生態系にあっては、植物細胞に共生的に住んでいる葉緑体がなまの太陽光をとらえる。それ以後生物が受け取るエネルギーは太陽エネルギーを変換したものなのだ。

しかし、エネルギー注入はエネルギーの話の半分にすぎない。あとの半分はエネルギー放出だ。結局、システムは受け取ったエネルギー全部を放出する。エネルギーと物質はさまざまな形態からいろいろな形態へ変換される。しかし、創造されたり破壊されたりすることはない。それは短期もしくは長期にわたって貯蔵できる。腐敗するまでのあいだ死体の中にエネルギーが貯蔵されるのはその例だ。材木、書物、建物、化石燃料、さらには石灰石もそうだ。究極的には、システムが放出したエネルギーはそれゆえに、すべての生物システムは継続的にエネルギーの注入を必要とするのです。的または散発的な新エネルギーの注入を必要とするのです。

だから、生態系はエネルギーが通過していく導管だと考えることができる。この導管を通過する間にエネルギーと物質の変換が、回数の多少はともかく、起きている。興味ある問題は、この導管の中で何が起きているかだ。

生態系によっては、それほどのことが起こらないものもある。生命のいない砂漠に落ちる太陽光は砂や石を温める。しかし夜が来ると、暫定的に保留されていたエネルギーの量すらも外部に放射される。この場合エネルギーの通過は速く、単純で、通過の跡形も残さず消えてしまう。原始時代の岩石や生命誕生以前の空っぽの海洋に日光が射したときは、こういう様子だったにちがいない。砂漠は想像されるほど生命に欠けてはいない。ただ水がないので——あるいは極地では寒冷のため——砂漠で受け取る少量のエネルギーは、体内組織に蓄えられるか、代謝、神経、筋肉活動として放出される。同じことは、温暖で水に恵まれてはいるが舗装され尽くした土地や、毒素で汚染された湖水に降り注ぐ太陽光線についてもいえる。

よく発達した森林の生態系でのエネルギー・フローとこれを比較してみよう。森林では、エネルギー・フローは迅速・単純とは正反対だ。生き物がうようよいてクモの巣状に相互依存的につながっているシステムではエネルギー利用法は多様で迂回的だ。ひとたび日光が導管に取り込まれると、エネルギーと物質が生物から生物へと通過し巡回するにつれて、それは転換されては繰り返し再転換され、結合させられてはまた再結合させられ、循環させられてはさらに再循環させられる。導管を通じるエネルギーのこの種の込み入った流れは、遅れがちで逸脱しがちだ。それは後ろに、すなわち生命の複雑な網の目に、通過の足跡をたっぷりと残す。

種の種類が豊富なことに関しては、地域的生態系で熱帯雨林に匹敵するものはない。ちょっと考えると、種が豊富なのは熱帯が年間を通じて高温で、日光が燃えるように強いためであるように見える。しかし、熱帯林が伐採されると、土地は乾き固まる。降雨も破壊的になる。土地はもはや根と織りまぜられず、森林の覆いで保護されもしない。そういう土地からは、鉱物が流れだしてしまうのだ。こうしたわけで、穀物収穫は減り、二、三年もすれば土地はほとんど耕作に適さなくなる。日光と降雨、それに大気と土壌さえも、それだけを切り離されては、バイオマスの拡大もバイオマスの種類の多様化も、説明できない」

「ではその神秘的な解答は何かね？」とアームブラスターが質問した。

「実際は神秘的なことは何もない。森林はその導管の中に受け入れたエネルギーをシステムから最終的に放出する前に、複合的に利用する。これが答えだ。エネルギーを複合的に利用するには、多様な、相互に依存し合うエネルギー利用者が存在しなければならない。その原則はつぎのように言い表わすことができる。『拡大は過渡的エネルギーの取り込みと利用に依存する。エネルギーがシステムから放出される前に、システムがエネルギーを繰り返し取り込み、利用し、回し合う手段を多くもっていればいるだけ、システムが受け入れるエネルギーの累積的効果が大きくなる』

アームブラスターが言う前に、私が言わせてもらおう。以上のことは経済拡大についても何かを教えているのだろうか？　もしそうなら何を？　そうでなければ、経済を拡大させる法則と過程とはいかなるものなのか？」

「その答えはわかっていると思うわ」とホーテンスが言った。彼女はハイラムに独演から一息入れさせたかった。「私の答えはピクニックの法則なの。ピクニックのため大勢の人の食事を用意しなければいけないとする。そうするとピクニック・バスケットをもっていく人も大勢になる。運搬係と食事のいる人とがきれいに対応していなければならない。ピクニック法則が経済的に作用すると、仕事にあぶれた人と食事にありつけなかった人とが同時に存在することは起こりえないわ」

ハイラムはコップの水をがぶ飲みして額を拭い、笑った。「あなたはいつもびっくりするようなことを言うね、ホーテンス。ピクニック法則に相当する経済原則を考えだすことは現代の政府とその政策助言者がずっと思案してきたことだよ。仕事がない人があり、必要な仕事があるのに、その仕事がなされていない。これに取り組む一番直截な方法は、雇用創出プロジェクト、あるいは経済的に成功していない事業の維持に補助金を出すことだ。もっと精妙なやり方は投資促進策、移転支出、ワーク・シェアリングなどを用いる。さらに一方には保護貿易の主張があり、他方には自由貿易の主張がある。

しかし、ピクニック法則にもとづく処方箋はきかないよ。短期的に有効と思われる対策は長期的には効果がないか、または二桁インフレ、三桁インフレのような災厄をもたらすものがある。結果を問わず完全雇用政策を強行すると、ソビエトみたいに生産性低下と物資不足に陥りかねない——その状況を皮肉った冗談のサワリは『われわれは働いているフリをし、彼らはお金を払っているフリをする』というものだよ。

干渉されようが放置されようが、国民の必要あるいは国民の潜在労働能力にこたえて拡大することを頑強に拒む経済もある。そうかと思うと、どえらい瞬発力で成長し、ピクニックのサンドウィッチを運んでいっしょに食べるために、外国人労働者や移民を招く経済もある。ロンドンが繁栄しているのに、イングランド北部の大半は長期不況で衰退している。国の大小を問わず、ほとんどの国が地域間の持続的不平等に悩んでいる。

要するに、怠惰と必要の共存という腹立たしい事実は明らかに存在する。しかし、対策は明白どころではない。神秘を探したければ、アームブラスター、経済拡大に目を向けることですよ」

椅子に深く腰を下ろしたまま、マレーが話しはじめた。「ハイラムは以前私にバイオマスの拡大について話した。中身は今日の話と同じだった。そのあとで彼は地域――都市、町、市、その他どんな居住地でもいい――が、その経済をどうやって拡大するのかとたずねた。私は彼に拡大の根本的要因は競争に打ち勝った輸出の仕事だと答えたものさ。そう教えられてきたし、そのときはまだそう信じていたよ」

「外国への輸出ですか？」とケートがたずねた。

「外国でも国内でもいい。とにかく輸出だ。どんな種類の輸出でもいい。町のトラック工場が従業員を以前の三〇〇〇人から五〇〇〇人に増やせば、常識で考えて町では衣類も食料品も売り上げが増える。学校の先生も増員が必要になる。お医者さんも、もう六人はいる。家賃も住宅価格も値上がりする。住居建築が刺激される。衣食住、教育、保健――これが基礎需要だ。たくさんの人に食事をさせるには、食費をたくさん払わなければならない。あなたの言うピクニック法則がきいているのだよ、ホーテンス。それほど大切なことではなくても、町の経済にとって追加されるものがほかにもある。それがまた仕事を生みだす。スポーツ品店ではビデオのレンタルが追加になる。身体ピアスや刺青パーラーも新規開店するかもしれない。印刷所は労組ニュースを増刷する、等々。この点をこれ以上詳説するにはおよばない。

常識と観察によれば、この地域が純輸出の仕事を失えば、この地の他の売り上げや仕事も衰える。この地から輸出の仕事がさっぱりなくなったとしよう――鉱山の閉山、水産業の衰退、工場の閉鎖があれば村や町ではこうしたことが起こりうる――そうすれば他の仕事も消え失せる。ゴーストタウンになるわけだ。

経済学者が輸出に直接向けられている仕事と区別して、この地域の仕事を〝乗数〟の仕事だと言うのはもっともだよ」

「『輸出に直接向けられている』とおっしゃるとき、輸出企業に納品している企業で働く人たちはこれに含まれるのかしら?」とホーテンスが訊いた。「トラック工場に納品している地元塗料会社などの場合よ」

「含まれない」とマレーが答えた。「輸出業者への供給業者は乗数の範疇に分類される。買い手によって間接に支えられている点で、食料品店と同じだ。もちろん塗料工場も製品の一部を輸出しているかもしれない。その場合はその仕事の一部は乗数になるが、ほかはそうではない。大都市には小輸出業者が多い。大輸出業者であれば、社内の人材に頼るが、小輸出業者は地元の会計士、弁護士、デザイナー、修理業者、等々に依存しがちだ。したがって都市の乗数比率は町より高く、村よりはるかに高いことになる。かなり大きな都市では、地域のための仕事と輸出のための仕事は相当重複している。会計士でもデザイナーでも、ひとりで土地の人々のためにも仕事をし、他の地元企業のためにも仕事をし、遠隔地の顧客のための仕事もしている。

輸出の成長に対して乗数の反応が単純だろうと複雑だろうと、輸出の仕事がこの地の経済拡大を先導し推進するというのが普通の考えだ。そして国民経済は数量的には各地域の純拡大または縮小の合計だ。この考えをさらに進めると、世界経済は数量的には国々の総計で純拡大ないし縮小を合計したものになる。そこが自由貿易に期待がかかる理由だ。貿易が盛んだと輸出が伸びる。輸出が伸びると乗数による仕事が増える」

「君には不満だろうが、ハイラム」とアームブラスターが言った。「これは君から見ればバイオマスが拡大する回りくどいやり方とはちがいすぎる。でも私は満足だ。これはすっきりしている。これは常識と観察に合致している。何か問題があるかい？」

「私もそう思う」とマレーが言った。「何十年もそれが当然と思っていた。しかし、私の話しぶりでは輸出・乗数比率はきちんと整理されたもののように聞こえたかもしれないが、実際はそうではない。批判的に見ると、輸出・乗数比率は謎だらけだ。ハイラムはこれについて質問したが、私は満足に答えられなかった。この比率は直接の因果関係があると想定するには変動が大幅すぎる。同じ地域について明確な理由がないのに時によっていちじるしく異なる。さらに悪いことには、この比率は理論と矛盾する。たとえば、ロサンゼルスでは輸出の仕事が急減しているときにも他の仕事はこれに応じて減少しなかった。輸出以外の仕事は当時のアメリカのどの地域よりも目ざましく増加した。この増加は一九四〇年代、終戦間近に始まった。正常でない動きはカリフォルニアらしい珍事だと片づけるわけにいかない。古くはシェイクスピアの時代にも、ロンドン経済は同じく理屈に合わない動きをした。他方、デトロイトの比率は自動車輸出がブームの最中に減少した。

どの矛盾も、特殊ケースだと言えば言える。正常でない動きはすべて特殊だ。しかし因果関係で作動する機械のように、体系的で秩序あるものと考えられた過程が、ぜんぜん機械的ではないことが明らかとなったら、その過程は知的疑惑を招かざるをえない」

「正直に認めよう、と私は自分自身に言った」とマレーはつづけた。「この拡大・輸出主導論は、理論と考えられるに足るだけ確立されているようでも、実際はまだ仮説にすぎない。間違いかもしれないし、啓発するところがあるが誤解も含んだ真実かもしれない。私はハイラムのバイオマス情報を関係ないものとして無視するのをやめた。これは経済学では異端だ！　私は向きを変えて生態系やバイオマスについて考えるあいだ、心を広くもつようにした。どうすればそれらを地域経済に適用できるかはわからなかったけれどもね」

ハイラムが割って入った。「それからある晩遅く、声をあげて歌いだした。『わかった！　わかったと思う！』その話をしようよ、お父さん」

「ふと気づいたのだが」とマレーは言った。「地域のエネルギー導管を反対側の端から見て問題を考えていたのだ。輸出とは何か？　その地域の最終生産物だ。エネルギーの放出だ。たしかに、それは他所の地では輸入になる。しかしそれがつくられた場所では、その地域のエネルギーと物質経済の導管から逃れでている。放出されている」

アームブラスターが発言しようとしたのを、マレーは手を振って黙らせた。「とんでもない話と思うだろう、アームブラスター。でも、話を終えるまで我慢して聞いてくれ。放出されたエネルギーは推進エネルギーとしては役立たない――役立てられない。役立てられるなら、永久運動装置になる」。アームブラスターは腹立たしげにノートに書きなぐり、時々鼻を鳴らした。マレーはそれを無視して説明をつづけた。「ここまで考えて、私は百科事典で永久運動の項を引いてみた。たしかに、永久運動装置の発明者、支持者は、機械が放出したエネルギーをもう一度戻して、力ずくで車輪をもう一回転させよう、容器の水深を変えよう、あるいは何はともあれ仕事をつづけるのに必要なつぎの動きを起こそうとしていた。計画は創意に満ち、いかにももっともらしく見えた。燃やしたら蓄えられる燃料を考えてみればよい。でも、どれもうまくいかなかった。否応なしにそれらは作業中にエネルギーを放出し、放出されたエネルギーは機械運転の動力には利用できなかった」

「賞を受けたジャージーの牛だって、自らが出すミルクを飲んでいるだけでは生きていかれないわ」とケートは言った。「基本的なことだわ。すべての生物ないしすべての機械は、外部より新規エネルギーの注入を必要とす。しからずんば停止にいたるべし。これが自然の鉄則よ」

「輸出が地域からの経済的エネルギー放出だとしたら、地域が受け入れた経済的エネルギーの注入とは何か？」とマレーは役者気どりの台詞回しで質問した。「輸入だ！

包囲軍、封鎖艦隊ならとくとご存知だ。わかっていたのだ。でも、地域経済を自然のエネルギー・フローの一例として考えるまでは、私は輸入が導管の受け入れ側の端末にやってきて、輸出は放出口から出ていくことに気がついていなかった。そこで興味津々なのは導管の中で何が起こっているのかだよ」

「似て非なる類推だ」とアームブラスターは軽蔑を抑えきれず吐き捨てるように言った。「生態系が日光をもらうのはただだ。一銭も払わない。しかし地域は輸出の仕事で輸入を賄う。輸出を地域の経済から失われたものであるかのように言うのは馬鹿げている。失われてなんかいるものか。輸出代金で輸入を賄うのですぞ。ジャージーの入賞牛が生き残ろうが熱力学の法則が何を言っていようが、私はかまいはしない。輸出が推進力なのは明らかだ。輸出が輸入を賄い、おまけに乗数による仕事を支えているのだ。顧客からの支払いは輸出に用いられる材料費と、それらを生産する労働者の生活費とを超えている。代金だよ、マレー！ そして貨幣がない時代には、輸出と財を物々交換したものだ。君の言う外部からのエネルギー注入がここにある——代金だよ」。アームブラスターは自分のメモをちらっと見た。「そうだ。これが決め手だ。エネルギー・フローや放出された輸出についての屁理屈だと、経済生活を始めるにはまず輸入しなければならない——その代金を稼ぎだす以前にね。ばかばかしい。どうしたらそんなことができるのだい?」

「最後の点はそのとおりだ」とマレーは言った。「わがエネルギー・フロー仮説が最初に取り組まなければならなかった大問題はそれだった。いま君の出した問題に答えられなくって往生したさ、アームブラスター。どうやったら輸入を最初に説明し、そのあとで輸出を説明できるのか? ハイラムが答えをくれた。お前が説明してくれないか、ハイラム、輸出で稼ぐ前にどうやって輸入品を手に入れるのか」

「その問いへの答えとしては、地域立ち上げのための輸入は信用や慈善で得たなどというよりは、もっと底の深いものがほしいね」とアームブラスターが言った。「経済生活は、海外援助や多国籍企業の投資や政治的大盤振る舞いに先立って存在していた。これらは経済生活については比較的新参のがらくただ。しかも成功するのと同じくらい失敗している。経済にとっては負担かもしれない」

ハイラムは、やっと発言の機会を得て、言った。「種子や胚は、卵に含まれるエネルギーと物質、すなわち発達を開始させる天賦の授かりものをもって生命を始める。これはただで与えられたもので、稼ぎだしたものではない」

「そうなのよ!」ケートが割り込んだ。「卵には最初の始動エネルギーの蓄えがある! 私こそこのことを思いつくべきだったわ。地域社会の最初の輸入は日光と同様、努力して得たものではないのよ、アームブラスター。それは空間を超えてではなく、時間を超えて届いたのよ」

「一体全体、何の話をしているのだい」とアームブラスターが訊いた。

「天然資源ですよ」とハイラムは言って、にやりとした。「どの地域にもはじめから少なくともひとつは有益な資源がある。たぶん、いくつかある。自然からの贈り物として存在しているのだ。それは、大地のこれまでの発展と拡大の遺産だ。資源または資源の組み合わせが存在しないようなところには、人間も住めないよ」

「始動資源は豊かな土壌でもよい」とハイラムはつづけた。「どんなものでもいい。野生動物、火打ち石、ドングリの木、粘土、鉱石、滝、化石燃料、温泉、浜。最低限でいっても地域社会は特定の場所に始まる。この立地だってすばらしい資源だ。人々が出会い、財やサービスを交換するのに便利だ。ベニスの最初の資源は海の塩だった。それをベニス人はコンスタンチノープルと取引した。塩は輸出で稼ぎだされたわけではない。それは海からの贈り物で、それが他の輸入を可能にした。コペンハーゲンの古風な証券取引所ビルには、ニシンを丸めて人間の胎児の胚に見立てた鉄細工模様がつけてあった。ニシン貿易が市の経済の起源であることを示していたわけだ。コペンハーゲンの市民はその経済が――海からの贈り物をもって――どのように出発したかを知っていた。そして、子孫にその事実を記憶してほしかったのだ。生まれたてのコペンハーゲンに最初に到来したのは、労せずして近海にいたニシンだったか、コペンハーゲンからのニシン輸出だったか、そのどちらかちょっと考えればわかるだろう。ローマが誕生するにあたって最大の経済的贈り物は、家畜の牧草地だった。それがローマ人に食肉を供給しただけではない。北方の古く豊かなエトルリア植民地に輸出する皮革をも提供した。エトルリアの都市は自然からの贈り物である鉄鉱石を採掘し、自分でも使い、また中近東の古く豊かな都市への輸出に用いた。大阪、シカゴ、パリ、そしてサンフランシスコ。主たる——また時には唯一の——経済的資産が貿易中心地に適した立地であったという地域は実に多数におよぶが、以上はその中から偶然に挙げた例にすぎない」

ハイラムは話を止めて、反論はないかというようにアームブラスターを見やった。しかしアームブラスターは、まだ苦い顔ながら怒りは静まっており、黙っていた。マレーが代わって発言した。「地域経済の初期資源は輸出の仕事で稼ぎだされたものではない。でも、それらはちがったやり方でやっぱり稼ぎだされたのだ——天与の資源と人間の努力を結びつけることによって。ベニス人は海水を巧みに潟にあるひと連なりになった蒸発池に導いて塩を集めた。たぶん最初は自家用の塩を得るのが目的で、それから輸出用にも製塩したのだろう。北海とバルチック海の漁師たちは命がけでニシン漁に精を出した――ここでもはじめは自分と家族のために、それから輸出のために。初期のローマ人は努力して家畜を飼育し、殺し、皮剝ぎをし、皮をなめしたにちがいない。鉱山や石切場は重労働だ。貿易の中心地で商人たちを満足させるには、その地の住民が旅館、運搬人、商品容器、倉庫、警備、旅行用品、交通手段を提供しなければならない」

「このことは導管のなかで何が起きているのかという興味ある問題に導く」とマレーはつづけた。

「地域社会の起こりから始めて、その地が経済を維持していくかぎり、人間の努力が輸入と結びあわされる。輸入と結合されるもうひとつのものは設備だ――設備には輸入されるものもあるし、そうでないのもある。質的に――必ずしも量的にはそうでないが――最も重要な要素は人的資本だ。それは熟練、情報、そして経験――人間の可能性の開発――を意味する。公衆による、両親による、雇用主による、そして個人自身による投資の結果だ。

導管の中では、人的労働と人的資本が輸入を変換する――それを受け取ってバラバラにし、再結合し、順々に回し、再循環させ、あらゆる手段を用いて導管に受け入れた輸入をストレッチするのだ」

「あなたはつぎつぎと風変わりな新表現を入れてきますな」とアームブラスターは苦情を言った。

「どうやって輸入をストレッチするのですか」

「すでにご承知だ、アームブラスター。だから当然と思っておられる」とハイラムが口をはさんだ。「ひとつ例がある。画家はカンバスと絵の具を使う。彫刻家は石や金属を使う。これらの材料はすべて芸術家が作業している地に輸入されたものだとしよう。でも、材料は芸術作品の価値の小部分にすぎない。材料の価値は導管の中でストレッチされたのだ。芸術家による付加価値は、輸出作業の乗数ではないが、それでもちゃんと存在している。芸術という活動は輸入ストレッチの極端だが、生き生きした例だ。しかし、芸術家以外の生産者も輸入をストレッチした」

「ジョエル、ジェニーの二人も輸入をストレッチした」とマレーは言った。「靴の修理、ハンドバッグとベルトの製作に小物を使った彼らの顧客もそうした」

「ジョエルやジェニーを尊敬しないつもりではないの」とホーテンスが言った。「ただ、お二人は何もつくりはしなかった。生産者が創造した富の一部を吸収したと言えるわ。でなければ、彼らは無から有を生みだしたことを認めなければならない。だが、それは永久運動と同じように不可能よ」

「ジョエルとジェニーはサービスを生産したのだよ」とハイラムが言い返した。「二人が探索し、試用し、組み立て、配達の仕事をしたことを〝無〟とはよべないはずだ。二人はニューヨーク市という導管の中で人的資本を他の物質とエネルギーに付加していた。ジョエル、ジェニー、およびその販売員が付加したサービスは、小物類の買い手には十分に具体的で有用だったので、買い手の商品費用の一部に含める価値がある。

すべてのサービスは、そのサービスの仕事に用いられることになったあらゆる輸入に人間労働を付加する。そして、しばしばそれと同様に人的資本投資の果実をも付加する。ファストフード・サービスの従業員がもたらす人的資本の付加は、彼らが処理する輸入食料や発泡スチロールの量にくらべれば少ない。他方、多くのデザインの仕事は輸入にくらべて人的資本の使用割合が高い。そのことは、企業で行われようと個人でなされようと、調査、実験、開発などの仕事すべてについてもいえる。新規開発商品は輸出されることになるかもしれない。しかしそれまでは輸出でもなく、既存輸出の乗数効果でも必ずしもないわけだ。

多くの輸入はそれがはじめに変換され、あるいはストレッチされた後で、さらに何度も持ち回られ、分断され、再結合させられ、再循環させられ、さらにストレッチされる」

「『分断され、再結合させられる』って、どういうこと？」とホーテンスが訊いた。

「単純な例をあげよう」とマレーが言った。「ビルディングは輸入資材、この地域で転換された資材、工事、その他のデザイン・サービスを組み合わせてできている。一〇人の賃借人がいるとしよう。歯科クリニック、看板製作業者、――」。彼は指折り数えながら話した。「――パンとケーキの製造、その経営する小売店とレストラン、ダンス教習所――」

「ダンサーが足を踏みならすとケーキが崩れちゃうわよ」とケートが言った。

「いや、そんなことはない」とマレーは言った。「この高層ビルは一九一〇年の建築で、重破砕工程をも支えるようにできている。ダンサーの足踏みくらい、何でもない。仮設の郊外店とはわけがちがう。教習所――えーと、写真現像、コピー、ポスター額入れサービス、花屋さんに備品を売り、普通の店ではできないフラワーアレンジメントを引き受ける店。この店は菓子屋さんと組んで豪華絢爛趣味を演出する。お茶のブレンドと詰め合わせをするお店。家具メーカーの組合で、ゲーム以外の展示用作りつけを専門とし、大工仕事や家具備えつけについての何でも屋。もっとも戦争道具は扱わないがね。銀行の支店が一階にあって、その隣はオリエント絨毯の大手輸入商だ。

賃借人は各自ビルディングとその設備の一部を使う。輸入資材の断片がそれには含まれているわけだ。賃借人は各自これらの断片を自分の設備や材料の流れと結びあわせる。材料の中には輸入されたものもあるし、輸入部品も含んでいる。この結びつけ方は、賃借人が入れ替わると変化する。

このビルの所有者は、聞いた話だが、配管、配線、エレベーター、内装を全面修理して、ゆくゆくは流行に沿った高級アパートメントに建て替える計画をもっているそうだ」。マレーはアームブラスターに目をやったが、アームブラスターは黙ったままだった。そこでマレーはつづけた。「大都市経済は何千という企業であふれており、その多くは財かサービス、またはその両方を、お互いに、あるいは地元の住民に、またはその両方に供給している。こうした経済は、量的にもっぱら、ないしは主に、輸出拡張への対応だとして説明できるものではない」

ハイラムはマレーに目配せして議論を引き継いだ。「しかしそのような経済を、導管に入ってきた輸入をじっくりと消化して利用することで説明するのは量的にいって可能です――ちょうど、森林におけるバイオマスの拡大が、導管に入ってきた太陽エネルギーをじっくり消化して用いることで説明できるようにね。注意深く聞いてほしいのですが、生態系にあっては、導管においてなされる本質的な貢献は多様な生物学的活動によってつくりだされる。繁栄する経済においても、導管の中でなされる本質的な貢献は多様な経済活動によって生みだされる。どちらのシステムにおいても、受け入れられたエネルギーが多様に利用され、断片化され、再利用されるおかげで、そのエネルギーと物質は導管通過の証拠を多く残す。ここまでくれば、導管の中で何が起きているかが興味ある問題だと私がなぜ言ったか、おわかりいただけると思う。そしてわれわれは、集団それ自体が豊かにした環境の中でその集団が豊かになっていくのはなぜか、どうしてかを、いまや理解できるわけだ」

「集団が存在すること自体によって自らを豊かにする――これは手品みたいに思える」とマレーが言った。「でもそれがごまかしではないのは、昔の格言と同様だ。『浪費するな、ほしがるな』。われわれの場合に当てはめると、『再循環、再利用、再結合、そして共生をなせ』ということになる。経済学者は輸出乗数比率を棄て、輸入ストレッチ比率に注意を向けるのがよいとの結論に、私は到達したのだよ」

「どうやってその係数を得るのかね?」とアームブラスターが、会話にやっと再参入しながら、質問した。

「原理的には、簡単きわまる」とマレーが言った。「ただし、必要な統計が集められていない。統計を組み合わせるのはそう簡単ではないからね」

「統計が教える最も真実な情報は、統計作成者は自分の作成する統計に興味をもっているということだけだ」とアームブラスターが言った。

「必要な数字はたった二つだ」とマレーは言った。「第一に、利用の目的・方法を問わずその地域が受け取った財・サービスの輸入額。第二に、同期間――たとえば三年間――における同地の財・サービス生産総額。第二の数字を第一の数字で割れば輸入に対する総経済活動の比率が得られる。もちろん、輸入の中には、同期間に用いられたこの地の天然資源、たとえば石油や立木の価額も含める」

「せいぜいのところ、比率はラフなものでしかないだろう」とマレーはつづけた。「ボランティア活動やお金もうけにならない自己活動を含まないだけ総経済活動は過小評価になっている。これらは高く評価されるべきものだ。それに闇市場や半闇市場での活動ももちろん含まれない。記録に残らないからね。しかし時系列を追って三年または五年ごとにデータがまとめられたら、この比率は、地域の導管の中で生起していることに注意を集めさせるだろう。それは、受け入れた輸入と加工されたこの地域の天然資源にくらべて、導管内の活動が増大しているか減少しているかを示すだろう。この比率はまた、まだ議論していないテーマだが、経済の活力自己再補給があるのかないのかについても記録として示す。基本的にいって、この比率は地域内で付加された価値の傾向を跡づける――絶対量としてでなく、むしろ、受け入れたエネルギーとの比率として。それは地域の導管内の活動が活気あふれる生態系のようであるか、不毛に近い導管のようであるか、そして、どちらの場合にしてもそれがどこへ向かっているかを示すだろう」

「不毛に近い導管というのは、受け入れたエネルギーが大半跳ね返されてしまうような導管のことなの？」とホーテンスが訊いた。「砂漠の生態系のような」

「そのとおりだよ」とハイラムが言った。「そのような記述に該当する地域では、輸入の大半が輸出の仕事に高速で飛び込み、そのまま出ていってしまう。たとえば、アメリカやカナダの農村で換金穀物の生産に特化している地域では、輸入は穀物生産労働者数にくらべ膨大だ。外部から多大かつ多種類のエネルギーが受け入れられている。高価な農業機械とその修理部品、燃料、トラック、種子、肥料、フェンス、たぶん灌漑設備も、殺虫剤、除草剤、貯蔵所や家畜小屋の建設資材、それにもちろん消費財という調子だ。輸入のほとんどは耕作、播種、手入れ、収穫、貯蔵、輸出穀物の輸送、農家家族の衣食住の仕事に直接に組み入れられている。それゆえに、この地の輸入の導管内の通過は経済的に直接的であり、単純だ――入り口から出口まで一直線なのさ。

当然のこととして、このように用いられた輸入はその通過の証拠として他の経済活動についてはほんのわずかな痕跡しか残さない。二、三のありふれた小売店、娯楽その他の集会所、それに並んで基礎的公共サービス——これは、より多様な経済における税収からの補助金を必要とするかもしれない——といったところだ。そしてまた当然のこととして、農場を相続したり農業に特に魅せられた者以外の若者は、他地域に仕事を求めることになる。

単純な地域経済——すなわち単純な、直接的なエネルギー導管をもった地域経済だからといって、いつも天然資源——農場、鉱山、木材など——に依存しているわけではない。そうすることが多いことは多いが。中には、遠隔の軍事基地、刑務所、大規模保養地など、単一のサービス作業に依存する地域もある。ほかにも繊維工場、パルプ工場、精油所やアルミニウム製錬所、水力発電所あるいは自動車組立工場など、単一の大製造業に依存する企業城下町もある。私の主張を誤解しないでほしいのだけれども、私は単純な地域経済の輸出には価値がないと言っているのではない——それはほかの地域への輸入として高い価値があることが多い。しかし他の地域への輸入としては、それは受け取られたエネルギーであり、受け取られたエネルギーとしてどれだけ価値があるかは、それが入っていった地域の導管によって決まる。輸入をストレッチすることが上手な地域に向かう場合は、それは経済を拡大させる機構としての滞在能力を伴っている。単純な地域経済へ向かう場合には、国内であれ外国であれ両方であれ、そういう潜在能力は欠けている」

「この経済拡大についてのエネルギー・フロー仮説は、圧倒的に農業地域からなる国々が規模の大小、輸出入の多寡を問わず、なぜ、どこでも貧困なのかを説明する」とマレーは言った。「それはまた、なぜ最も豊かな——すなわち最も拡大された経済は、多様な経済であるのかをも説明する。経済発展と経済拡大を実際上結びつけているのは、経済の多様性だ。生態系と地域経済の両者に適用できる原則はこうだ。『多様な集団は、それが受け入れたエネルギーの多様な利用や再利用によってつくりだした豊かな環境内で、拡大を遂げる』」

「資源の制約と収益逓減の法則——これが経済学を陰鬱な科学とよばしめた陰鬱な事実だった」とアームブラスターは言った。「そこへ輸入ストレッチング、資源代替、そして人的資本、すなわち使えば使うほど収益が逓増する——逓減するのではない——資源が投げ込まれた。だから経済学はいまや希望に満ちた科学になったようだ。

地域経済の初期時点での授かりものである輸入について私はやっつけられた。でもヒヨコだって殻から出たら自分で餌をあさらなければならない。初期時点のあとの輸入は相変わらず輸出によって支払われなければならない。だとすれば、やはり輸出は経済の推進力であり拡大力なのだ。それが諸君のエネルギー・フロー経済学を台無しにしてしまうとしても」

「その異議については今晩議論したい」とハイラムが言った。「その前に夕食にしましょうよ。クラム・バーまで歩いていきませんか」

食事中、ホーテンス、ハイラム、ケートの三人は日本映画の印象を比較し合っていた。アームブラスターはマレーに何をして過ごしているのかたずねてみた。

「週二回は、簿記の補習が必要な高校生に個人教授をする。これはボランティア活動による人的資本投資だ——公にはそう認められていないがね。水曜日の夜は成人相手に会計入門を教えている。このために二つの地域週刊誌に広告を載せ、授業料を徴収している。これは学生側の人的自己投資だ。私はミツバチも飼っている——いま巣箱が三つあるよ」

「それは大変じゃありませんか?」とアームブラスターは訊いた。目の粗いフランネルのシャツを着、ブーツを履いたマレーが、突然ひ弱に見えたような気がした。

「いちばんむずかしいのは、法的除外措置を得ることだよ。町の区画規制はニワトリ、ウシ、ヒツジあるいはハチを飼ってはいけないと定めている。ところが、ウマ、イヌ、ネコは社会的に認められているんだ。私は人々の支持を集め、公開の席に出て、役人を追いつめ、地域の問題に仕立て上げ、そしてついにミツバチについて例外的許可を勝ち取ったのさ」

「経済的論拠で？」

「いいや。私は庭や景観用樹木に利益がおよびうることを強調した。しかし実際に形勢を逆転させて勝利をもたらしたのは、児童教育上の利便性を持ちだしたときだ。小学校教科の理科と環境の実地研究が町のど真ん中でできると言ってやった。親や教師は児童の教育にもっと内容を加えるのに熱心だからね――人的資本への公共投資さ。だから、私のところへは大勢の見学者が訪れるんだよ」

第4章　活力自己再補給の本質

「活力源を補給したね」。夕食のあとリビングルームで、友人五人で椅子に居心地よさそうに座ってくつろぎながらハイラムは言った。「でも、いまゆっくりしていると思っているなら、まちがいだよ。自己目的のために、われわれはそれぞれ、ハマグリ、サラダ、パン、ワイン、イチゴを盛んにエネルギーに変えている。このエネルギーの一部を自分たちがもっと食物を得るため、別の食事のためにそれぞれ使用する。活力自己再補給システムの二つの主要な特徴のひとつに注意を喚起しておきたい。外部から取り入れたエネルギーの一部はエネルギーのつぎの注入を得るのに使われる。そうしたものの一部はさらなる注入を得る、といったように繰り返される」

「わかりきっているよ」とアームブラスターは言った。「動物、それから植物は、ほかにどうやって生命維持ができるだろうか?」

「いやあ、ほかの方法を見つけているものもいるよ」とハイラムは言った。「共生関係をもつ一方のパートナーは相手にしばしば活力を供給する。種子、卵、ある種の赤ん坊は、活力をみずから再補給する装置が動きだす前にたくわえたエネルギーを親から受け継いでいる。今日の午後に議論したように、地域社会は輸入を賄う前に天然資源を受け継いでいる。

機械は外部主体に依存していて、ペダルを踏み、クランクを回し、帆を揚げ、ウマをつなぎ、まき入れやタンクをいっぱいにし、送電線を接続し、バッテリー交換を行ってもらう。機械はみずから活力を再補給する装備を欠いている。われわれにとって機械と共生するのが有用なのは、機械にほかの活動を選んであげられるからだ。一方、気象システムは無生物だけれど太陽からエネルギーをとらえ、それで自分を動かしている」

「風力機械についてはどうかしら？　風の方角が変わるとそれに合わせて翼を変えるのにみずからのエネルギーの一部を使っているわ」とホーテンスが言った。「これを活力自己再補給とよびたいわ。電話のバッテリーはホールダーに置いているあいだに充電する。もし電源に接続されていなければ充電器は作動しないでしょうね。そうはいっても、私は自分で食べるハマグリを掘り起こさないし、イチゴも摘まないわ」

「ホーテンス、君は曖昧な点を見つけるのがうまいよ」とハイラムが言った。

「それが弁護士の発想法だよ」とアームブラスターは言った。「そうやって彼らは生計を立てている。つまり、自分のためにもっと食物を買えるようになるのさ」

「風車はほんとうにすんでのところで活力自己再補給体になるところだったね」とハイラムは言った。彼は一息して耳を掻いた。「だが、最も効率のよい風車でさえ、健康な生物がするように自己の活力再補給装備をよく手入れしておくためにエネルギーを使うことはもとより、ベアリング用のオイルといったような必要な活力補給源を自分でとらえることはできない。

活力自己再補給体のもうひとつの特徴は、使用する活力源に適した装備を所有していることだよ。適切な装備は非常に重要であり、その故障は生物にとっては活力源の消滅と同じように致命的だ。ふさわしい装備とは活力自己再補給の〝自己〟のことだ。ウシは草を食べて生きるようになっているが、われわれはちがう。シロアリは木とうまくやっているが、ウシにそれはできない。ふさわしい装備は、しばしば共生バクテリアや適切な食物の補給・消化器官を含んでいる。装備と活力源とのあいだがうまく合わなければならないので、活力自己再補給システムには細心の注意が必要だ。それぞれのシステムは別々の具体的な単位として、それ独自の完全な状態を備えている。ある生物の廃棄物は別の生物の夕食となる。活力自己再補給は一般化した形態をもっていない。ただ、たくさんの、たくさんの特殊化した形態があるだけだよ」

「でも、ガイア理論はどうなの？」とホーテンスがたずねた。「地球と大気、岩、水、生き物は統合した活気ある有機体をなすと考えられるのではない？」

「地球上の生態系にはそれぞれ、活力自己再補給している微生物、動物、植物のたくさんの種があり、それぞれの種はそれぞれの活力自己再補給手段をもっている。地球とそこに棲む生物の生態系は共通の大気圏、岩石圏で結びついており、生態系はそうしたものを分け合い、生命過程の作用でそうした大気圏、岩石圏はいっしょに形成されたり変形させられたりしている。でもホーテンス、連鎖を共有しているからといって別々の活力自己再補給をもつ生物の具体的な特性を消すことはないんだよ。こうした特性をひとつの抽象的な生命に押しこんで曖昧にしてしまうことはできない」

「自己管理はただ自己再補給の言いかえにすぎないのかしら?」とホーテンスは言い張った。「自己依存、自給自足、持続可能はどうかしら?」

アームブラスターは辞書を求めて部屋をちらっと見回した。「アームブラスター、もう調べてあるよ」とハイラムは言った。「ホーテンスのあげた表現は活力自己再補給と共通部分がある。でも、どうしてもその表現には倫理的なニュアンスが含まれがちになる。たとえば自己依存というのは一般にはとても感心なこととしてとらえられているので、その欠如は不幸なこと、あるいは悪いことと さえ見られている。持続可能というのは普通には、資源の自己再生速度より速くなく、かつ強欲でないペースで再生可能な資源を手に入れるやり方を指している。このやり方が環境道徳というものだ。活力自己再補給は基本的な自然の過程だ。ケートが指摘したように、ウシがどんなに効率的であっても活力自己再補給しなければ、死んだも同然だ。活力自己再補給は生存、そして生存によって可能となった生命のその他すべての過程にとってとても基本的なことなので、それがいいか悪いかという考えなどは意味がない。機械やウイルスといった活力自己再補給していない単位でさえ、間接的に活力自己再補給ヘルパーをあてにしている」

「君はわれわれをゆっくりと経済原則へと誘導しているね」とアームブラスターは言った。「つまり、君は、経済は活力自己再補給すると言いたいのだ。それは私自身も君に言いたかったことだ。輸出の仕事で稼いだ代金は輸入を賄う。そう、代金は経済の活力源だ！」

「経済の活力自己再補給のちがった見方を説明したい」とハイラムは言った。「私の分析はあなたのものを取り入れてはいるけれど、輸出はどこからくるのかといった質問にも取り組んでおり、問題をより深く掘り下げている。あなたが言ったように、ヒナでさえ卵から孵《かえ》るとき一度殻をやぶらなければならない。輸出が輸入を生みだすというのはわかるよ。でも輸出の仕事がなくなったとしたらどうなるだろうか？　たとえば、もし企業城下町から企業が立ち去ったり、失敗したら、その場所では輸出の仕事もその報酬もなくなる。おそらくそこは救済されるだろう。別の会社か政府によって別の輸出企業が設立される。その場合、その地域は機械のように振る舞っている。

だれかが機械のタンクに再給油しなければならない。そしてだれもそうしなければ、機械はじっとしているだけだ。すべての地域が活力自己再補給しているわけではない。

だが、ある地域は本当に活力を自己再補給する。彼らは自分の輸出の仕事を生みだしてみずからのタンクをいっぱいにする」

「ふむふむ」。アームブラスターはつぶやいた。「君は、ある地域はみずからのために新しい輸出の仕事の孵化器（インキュベーター）役をしていると言っているのかい？」

「うまく言ってくれた」とハイラムは言った。「私のテナントのサックスフォーン奏者を覚えていますか？ 彼女は地元のクラブでフランスから輸入したサックスフォーンを演奏したものだった。この場合、こうしたことがインキュベーターだった。しかしいまや彼女はツアーから輸出収入を持ち帰っている。それにくわえて、ここで共発展網が登場するが、イーストリバーの向こう側にあるクイーンズのスタジオで制作した彼女のバンドのレコードが、この大都市地域で獲得したよりもっと多くの輸出販売をいまでは達成している」

「めずらしくはないよ」とマレーは言った。「デザイナー、会計士やほかの専門家が地元の経済で地盤を固め、それから遠距離の顧客も同様に見つけるのは」

「興味深く、耳を傾ける価値がある」とアームブラスターは言った。「でも、この都市の経済規模の拡大には輸入が必要だと考えるのは当然すぎてどうでもよいことのように思えるがね」

「地元経済から輸出の仕事へと進んでいくのは、いろいろ足し合わせてみると、取るに足らないといったものではないさ」とマレーは言った。「家具、宝石、保育園の備品、スクラップ圧縮機、設計サービス、輸入配送サービス、保険業者、高利貸しその他の金融サービス、医療サービス、エスニック料理、健康食品、美食家向けやその他の食べ物料理、家屋修繕品――大都市市場で成功するものはほとんど何でもその市場の外で少なくとも何人かの顧客、たいていは非常に多くの顧客を見つける。さらに個々に取り上げても、地元経済での仕事から起こった輸出は必ずしも注目に値しないものではない。昔、仕事で法人の将来性を分析したときに、私は会社の歴史にのめりこんだものだった。これらの企業はすべて上場会社だったが、何社かは合併の歴史をもつコングロマリットだった。多くは国内市場を、いくつかは国際市場をもっていた。国際市場をもっている企業には海外で創業された法人も含まれていた。すべての会社、そして子会社は、どこかではっきりと地元に根をおろして出発していた。

アームブラスター、君がテープレコーダーで使っているテープは3M製だね。それはミネアポリスにある会社で、サンドペーパーをつくろうと少数の人を雇って始まった。３Ｍは配管工へ品物を卸す地元の部品製造業者から資本を得た。そのサンドペーパーは粗悪だったが、改良を試みているあいだに、同社はあるめずらしい接着剤で、ペンキ屋が塗り残すための覆いとして使うのにすぐれたものをつくった。そのテープが地元と輸出でのすばらしい成功を収めたわけだ」

「これはマスキングテープ（覆い用接着テープ）ではないよ」とアームブラスターは言った。

「そう。でも、ひとつのことが別のことを導くように——先行する一般性から新しい分化が発生し、それらと共発展とが新しく結びつくことで——その会社はあらゆる種類のテープを生産した。その中にはやがて君が使っている録音磁気テープも入ることになる」

「でも、成功している輸出企業でも最初は地元の顧客志向ではなかったところも多いわ」とホーテンスは言った。「輸出がすべてそのように成長するわけではないわ。アームブラスターの出版社はスタートから本の輸出をはじめたじゃない」

アームブラスターはうなずいた。

「それでは、どうして会社をここニューヨークに置いたのですか？」とハイラムがたずねた。

「ホーテンスの話だと、あなたはナンタケット島が好きなんでしょう。なぜ、そこで始められなかったのか？　あるいは、ことによると牧歌的なカリブ島とか？」

アームブラスターは笑った。「ナンタケット島に恋する者はだれでもそこで生計を立てようと夢をいだくのさ。私もそうだった。でも、残念ながら現実的ではないんだ。自分の目的にとってあまりにも不便なんだよ。でもそれがいいことなのかもしれない。でないと、ナンタケット島がナンタケット島ではなくマンハッタンのようになってしまう」

「つまり」とハイラムは詰め寄った。「あなたは何やかやネットワークが必要だった。都合のよい共発展が」

「そう。ニューヨークを選んだもうひとつの理由は、ここで編集、出版の見習いとして経験を積んできたからだ。だからニューヨークではコツを心得ていた」

「最近はすべてのアメリカのコンピューターは実際には海外でつくられている」とマレーは言った。「ほとんどが台湾で。ほんの二〇年前は、台湾の主要な輸出品は安物玩具と衣類だった。だが、玩具と衣類を生産するうちに、特に玩具と衣類生産のための機械を生産する段になって、そこで生産のネットワークと技術が築きあげられた。そうした生産ネットワークと技術のおかげで、台湾経済と人々は融通がきくようになり、以前の大量輸出販売が減っても新しい輸出の仕事を生みだすことができた」

「でも、衣類と安い玩具にはまだ大きな輸出市場があるわ」とホーテンスは言った。

「台湾製品の輸出はなぜ減っていくの?」

「台湾の労働力は以前は安かった」とマレーは言った。「だが、台湾経済はみずからの繁栄のためにその優位性を失った。つまり繁栄が高賃金をもたらしたのだ。地域は多くの理由でかつての輸出品を失う。ほかとの競争、陳腐化、劣った経営、工場移転、以前の顧客都市での輸入置き換え——」

「あなたがた二人が言っていることに異議があるわ」とホーテンスはさえぎった。「あなたがたは、あたかも地域社会がたった二つのタイプしかないように話している。一方は大いなる経済的多様性を含んだ大都市、他方は機械的な、経済的に単調な小さな地域。それは私の知っている世界とは一致しない」

「あなたがたが言っていることは、あたかも生態系がたった二つしかないようにも聞こえるわ」とケートは言った。「それは現実と一致しないわ。自然の生態系は青草の茂ったところと半不毛の地のあいだのすべてのありとあらゆる段階的変化を示しているのよ」

「もっともなご批判だね」とハイラムは言った。「マレーと私は極端な状態にこだわっている。というのは、その極端さがわれわれが議論している活力自己再補給過程を解明するからだ。だが、たしかにあなたがたは正しい。事実、まったく同じ都市でも時の経過につれて多くの漸次的変化が生じる。古代、近代の最大の都市でさえ、小さく単純なものから出発した。半不毛の土地かそれに近いものからね」

「祖父の従兄弟は一八四九年にサンフランシスコに移住した。そのとき彼は十代をちょっと出た若者だった」とマレーは言った。「彼は探鉱者になってゴールドラッシュに加わろうとしていた。ほとんどほかのすべての人々と同じように船で着いた。町にはテントの一群と浜の掘っ建て小屋だけしかなかった。この町の経済にあったのは、探鉱者とお互いのための俄《にわか》づくりの供給業者——ウイスキー、小麦粉、ベーコン、つるはし、なべ、ラバなどを売る人々だった。売春婦もすでにそこにいた。家畜商人は雄牛を連れてきたし、ハンターは猟の獲物をもってきた。料理人はシチューを大急ぎでつくり、魚やパンケーキを揚げ、サワードウ・ビスケットを焼いた。祖父の従兄弟は、到着したつぎの日、自分がどこにいるか見当もつかないうちにある水夫からペットモンキーを買った。翌日、彼はそれを別の水兵に売った。そしてある探鉱者からカメを買い、それをバーテンダーに売った。彼はついに金鉱山には出発しなかった。動物の売買をつづけたのだ。つぎにはペットを飼育しはじめた。彼がペンシルベニアの故郷では農家の子どもだったというのを言い忘れていたね。彼が起こしたペット会社はサンフランシスコのダウンタウン、高級なお店の並ぶメイドゥン・レインで一世紀以上ものあいだ繁盛した。二〇世紀の最初の半世紀のあいだにその会社はアフリカ、アジア、南アメリカの動物をアメリカの多くの地域の動物園やサーカスに供給することになった」

「そうした風変わりなことは何も言えないけれど」とホーテンスが言った。「でも、たまたま二人の農家の女性を知ったの。彼女たちは事業を始め、ヤギのチーズと野生のベリー、果樹園の果物からつくったジャムを自分たちの家から近い田舎のリゾートレストランに売っていた。始めたときは、彼女たちはまさに輸出業者への供給者だった、そうじゃない？　ジャムをつくるほうの女性は、リゾートのお客が買って家にもっていけるようにジャムと砂糖煮の魅了的なパッケージを詰め合わせた。チーズをつくるほうの女性もそのまねをした。彼女たちは独力で輸出業者になったのよ。いい？　二人は地元の若者からコンピューター印刷のラベルを買ったわ。若者は彼女たちのパンフレットもつくった。なぜなら、いまはメール申し込みで輸出もしているから。若者が大きくなったら、たぶんサービスや製品を輸出するかもしれない。ニューイングランドと西海岸でいま突然起きていることは、さらなる伐木搬出の仕事やその他の資源搾取の仕事に対する需要圧力を取り去る動きよ。地方の野生のままの生態系にやさしくて、しかも付加価値がある仕事を促進することでそれを進めている。輸入ストレッチングの地方でのやり方よ。木材やその他の自然資源に人的労働と人的資本のより高い割合を付加することによって。覚えている？　与えられた自然資源は輸入と見なされるべきだと言ったことを。そう、もし自然資源に付加価値を付け加えるなら、その分は輸入ストレッチングの統計に算入される。私の友人の考えでは都市がいまではだめになってしまったのは、現代のコミュニケーションがたとえどんなに小さな地域に住んでいようとも顧客と供給者の網を簡単につなぐことができるからだというの」

「最近では、出版社はそれに似つかわしくないような小さな場所で起業しているね」とアームブラスターは言った。

「都市はすたれていると結論を急ぐ前に」とハイラムは言った。「町から小都市へと、小都市から大都市へと変形させる活力自己再補給メカニズムもあることを知らなければならない。われわれ人間はまねがとてもうまい。これは人間の特質のひとつだよ。そして概して何か気に入ったものを見たときに、まねがじょうずなのだ」

「つまり、パーティーに行って、はじめてメキシコ料理のグアカモーレ・ディップを味わったりするような具合にね？」とホーテンスは言った。「女主人からレシピをもらい、つぎに自分でパーティーをするときにそれをつくるとか？」

「猿のものまね」とケートが言った。

「そう、そしてあなたがそれを二度めにつくったとき、思いだしたけれど、ちょっと試しに香辛料のニクズクを少しくわえたよね」とハイラムは言った。「またフラクタルだ。この同じ行動パターンは多くのちがった規模で起きる。人々は大小の経済ニッチが本質的に同じ動きをするのを見つける。たとえば、ある村に住んでいる女性は、近所の人が用事で近くの町に行ったときにベーカリー・カフェ店でクロワッサンやほかの品物を手に入れるのに気がつくかもしれない。彼女もまたこれと同じように行動する。そして、機会をつかみ、村の真ん中にベーカリー・カフェ店を開店する。彼女のまねは、村人がずっと輸入していた小売りサービスと商品を地元で置き換えることだ。模倣者になって、彼女は新しい村の仕事のいくつかをつくりだす。だが、村では、輸入品の模倣で生計を立てる機会はつぎの二つの理由で非常に限られている。市場として村は小さい。そして何といっても村には、村が輸入する広範囲にわたる多種類の品物、サービスを生産するに十分な広範囲の技術、経験、設備がない。小さいということは、経済的にいえば、まさに融通がきかないということなのだ。

もう少し大きな規模のかなり融通のきく地域に移ろう。そこではいろいろな輸出の仕事と、その輸出の仕事への供給業者がどんどん生みだされているからね。アームブラスター、輸入を稼ぎだす過程では、生産能力の多様化と地域輸入市場の拡大が同時に進行している。ある点までくればそうした多様化し、拡大している経済は輸入の重要な範囲――輸入の連鎖のいくつかを――置き換える能力を身につける。

初期のサンフランシスコはゴールドラッシュと自由奔放な無法時代のあと、約二五年にしてそうした点にたどり着いた。そのときサンフランシスコの小企業は、荷主向けの、また後背地の成功あるいは不成功に終わった銀鉱山やその鉱山労働者向けの一連の商品、サービスを生産しにかかっていた。賃金と利益は、利便品と快適品の購入にあてられた。これらはほとんどすべて東部都市から輸入されたものだった。こうした輸入品の中にジャムと砂糖煮があり、カッティングという食料品商により仕入れられた。カッティングはボストンからやってきて、ボストンの卸業者に商品を注文した。ところで、商業ベースでの瓶詰、缶詰フルーツはパリ生まれの新規商品だった。イギリスの模倣者が船で大西洋を越えてそれを輸送した。そして、アメリカ二大都市のニューヨークとボストンの模倣者がそうした製品をつくったり、輸出することに専念した。こうして瓶詰め、缶詰めフルーツはサンフランシスコへともたらされた。

その製品の歴史を知ってか知らずか、自家製のジャムと砂糖煮をつくればサンフランシスコ経済での商売を改善できるとの考えがカッティングに浮かんだ。彼がまねようとする輸入品を供給していた同じ顧客に対し自家製品を売ればよいというわけだ。これは想像するほど簡単ではない。というのは、町外れの農夫に小麦とウシのための土地を桃、梨、サクランボ、プラム、あんずの植えつけに充てるよう説得しなければならなかったからだ。控えめに始まったが、それがカリフォルニアの商業的果実・野菜生産のはじまりであった。それはついには巨大な規模に達したが、この驚くべき農村経済の拡大はまだ後の話だ。

カッティングがジャム製造をはじめたとき、彼は自動的に輸入品の購入内容を変えた。以前より多くの輸入砂糖を買い、空のガラス瓶も輸入した。利益が出るようになったときには、輸入を含めた購入に使われたが、もちろんすべてがジャムの瓶に回ったわけではない。こうした冒険的事業はとても成功したので、ほかの地元の人々がこれをまねた。一部の人々はレシピを多様化した——前に東海岸から輸入していたインゲン豆の缶詰とエンドウ豆の缶詰の製造を始めたのだ。それとともに、食品保存加工業者、缶詰製造業者は輸入容器の市場を著しく拡大したので、ご当地サンフランシスコでガラス瓶をつくるともうかると気づいた人がいた。一方、ブリキ板を輸入し缶をつくる起業家もいた」

「きっと」とアームブラスターは言った。「結局は、だれかが圧延工場を建て、輸入ブリキ板の代わりに銑鉄、鋳塊の輸入を始めたのだ。でも、ハイラム、君は何か飛ばしているにちがいない。わからないな、ジャム、砂糖煮、缶詰商品の地方市場がどのようにして地方のガラス工場、圧延工場をよしとするほど大きくなったかが」

「地方市場は、発展してもそれほど大きくならなかったかもしれない」とハイラムは言った。「ジャムで始まった輸入置き換えの連鎖は、同時、あるいは立てつづけに起こったほかの多くの置き換えのひとつにすぎなかったという事実がなかったならば、ね。かじ屋は輸入工具を置き換える。大工、職人は家庭用、商業用の輸入家具を模倣し、お針子は輸入ガウンのまねをするという具合だ。全体として、結果として生じた仕事のおかげで直接、間接にすべての輸入置き換え者への市場は拡大した。同時に、こうした企業は地域の輸入構成を根本的に変え、その輸入購入の変化がさらに置き換えを促すというように輸入品を変えつづけた。そしてつづいてすぐに、サンフランシスコの輸入置き換えの多くはサンフランシスコからの輸出品となった。一九三〇年代までには野菜の缶詰、果物の缶詰とドライの果物はこの都市の最大産業の二つになった。ブリキ缶とブリキ細工製品は五大産業に入った」

「ある地域が小都市になるのにはほとんど気がつかない」とハイラムはつづけた。

「非常に急成長の突発的展開を経験するまではね。その間、地域は少なくともすべての商品、サービスであふれており、そうしたものは普通、小都市の地元でその時と所に応じて生産されるけれども、それらはその地域が初期には輸入していたものだ。すべての大都市は輸入の置き換えと転換の突発的な繰り返しを経過している――そう、いま私たちはその大規模な過程が起きているのを目の当たりにしている。こうした突発的なことは、それが大都市で起こるとき、強力な経済力になる。ロサンゼルスとシェイクスピアのロンドンの特異点を思いだしてください。両方とも輸出が一時的に深刻な減少に見舞われるなかで不思議なほど全盛をきわめたよね？」

マレーが大声で話した。「輸入品の置き換えは模倣だけれど、いつも猿まね的な模倣とはかぎらない。普通、素材あるいは生産手法、時にはデザインの変化に、経済的に有利なちょっとした思いつきを取り入れるものだ。もし模倣で品物がよくなるなら、置き換えは上出来の輸出品に特になりやすい」

「たとえば？」とアームブラスターはたずねた。

「たくさんあるなかからひとつ例を挙げると、日本のミシンがそうだ。ミシンは最初アメリカからの輸入品として日本の都市に届いた。ミシンはアメリカで発明されたものだ。日本ではミシンはとても高価だったけれど人気があった。地元でつくられた代替品は、東京で始まったが、改良された経済的な生産方法のために輸入品よりコストが安かった。輸入品と同じように費用のかかる一貫生産ではなくて、置き換え品は多くの小さな既存の機械工場で別々に部品として生産され、下請け発注業者によって組み立てられた。生産はリスクを伴う多額の創業経費を必要とすることなく、成長するに応じて創業費用を回収した。つぎに、こうしたミシンは東京からほかの日本の都市への輸出品になった。こうした都市の多くもまた輸入品を地方生産に替え、ミシンを地方の用途に合うように自身の改良と変更をくわえている。こうして日本は結局八〇〇社ものミシン会社を生みだし、世界で群を抜く生産者になった。特に種々の特殊タイプの産業縫製が可能な機械において。日本のカメラ、ラジオ、自動車、背広服は輸入品が置き換えられたものだ。背広のほかは猿まねの模倣ではない」

「そうした現代的な過程が、シェイクスピアのロンドンで起こったと、あなたは先ほど説明したわね、驚くべきことよ」とホーテンスが言った。

「輸入置き換えは大昔にもさかのぼるんだよ」とハイラムは言った。「考古学者はこれを経済上の借り入れとよんでおり、先史学者は普及とよんでいる。あるいはちょっと正確ではないが、技術の伝播などとね。アームブラスター、これから言うことに十分注意してほしい。こうした過程をへて都市は『輸出の代金に頼ることなく』新しい輸入品を獲得する。あなたが不可能だと思っていることが起きるのだ。それはこういうことです。地域の経済は、置き換えの自然な成り行きとして新しい輸入品の購入に移る。そのときその経済は以前にもっていたものすべてをもち、さらにそれにくわえて経済が転換をした新しい輸入品ももっている。転換された輸入のあるものは置き換えの仕事に投じられる。それ以外のものはまったく新しく追加されたものだ――外から導管に入れられた追加のエネルギーであり、輸入品が輸出の仕事の代金と交換に手に入れられた場合と同じように確実なものだ。だが、輸出代金の増加を必要とすることなく、これらの輸入品は獲得される」

アームブラスター、ホーテンス、ケートの全員がこぞって発言しようとした。一座を制したのはケートで、反対意見を述べた。「ハイラム、輸入置き換えが人間以外の自然で起こるとは考えられないわ」

「この形の活力自己再補給は経済に特有なものだ。だが、それが機能するのはひとえにそれがすべての自己補給に共通する原則に従っているからだよ」とハイラムは答えた。「おそらくあなた方は活力自己再補給の二つの基本原則を忘れてしまっている。第一は、受け入れられたエネルギーの一部はさらなるエネルギーをとらえるのに充てられなければならない。これがまさに輸入置き換えをしている都市経済がなすことだ。

以前に都市で受け入れられていた輸入品のあるものを自己の生産で置き換えることによって、その都市はそれをほかの輸入品をとらえるために使う。第二は、活力自己再補給にその活力を利用したりとらえるのに適したふさわしい設備を備えていなければならない。この場合関係のある設備とは、生産に必要な地域の現在の能力だ。こうした要件により、置き換えの連鎖は例によって特定の時間と場所で最も容易に置き換えられる品物とサービスで始まり、かつ置き換えは地域の生産能力――その活力自己再補給設備――が多様化し、拡大するのに応じてより複雑で困難な置き換えに向かうことになる。カッティングは自社の瓶をつくろうとしなかった。瓶づくりには瓶の地方市場が拡大し、ガラス製造ができる企業家を待つ必要があったのです。ホーテンス、何か言いたいことがあるのかい？」

「あなたの説だと、都市は輸入を賄わずに輸入品を得ることができる。それは都市でない場所にくらべて不公平な優位のように思えるわ」

「それが経済的優位というものだよ」とハイラムが言った。「けれども、その過程が都市を創造する。だからこの優位性をもっているのが都市というわけさ。輸入を賄わずに輸入品を手に入れる活力自己再補給だといって、君はいま賄うという言葉をアームブラスターの限定された定義で、あたかもその言葉が『輸出代金を得る』を意味するかのように使っている。輸入置き換えには努力、技術、資本、勇気が求められる。ちょうど輸出を生みだそうとするときのように。置き換えは輸入を自分のものにするいまひとつの方法であり、輸入をただで、何の理由もなく、努力もリスクもなく得る手段ではないのだよ。アームブラスター、何か言いたかったのでは?」

「かなりはじめのころに君はデトロイトを異例と言った。輸出業が景気づいている一方で地元の仕事の割合が減っているという理由でね」とアームブラスターは言った。

「ロサンゼルス、シェイクスピアのロンドンとまったく反対だ。どうしてなんだい?」

「デトロイトは多様性を犠牲にして特化したのだよ」。ハイラムがマレーにアームブラスターの質問に答えるように身振りで促したので、マレーは言った。「デトロイト経済はうまく輸出を生みだし、輸入について連鎖の多くと広い範囲を置き換えた。だが、それは最も成功した輸出の自動車製造が都市の経済を支配するようになったときまでのことだった。一九二〇年代の中ごろまでに都市の多様な能力が失われて自動車産業へ供給する地元独自の部品製造業者が減った。というのは、自動車製造業者がその多くを自社内に吸収し、内部供給で必要を満たすことにして他からは買わなくなったからだ。生き残った独立部品製造業者は、二、三の巨大な顧客への値引きに一心に取り組んで、ほかの顧客を求めることはしなかったし、自動車向けでない副業の開発もしなかった。もうひとつは、熟練労働者は他業種の企業を見つけたり、ほかの経済ニッチを探すために景気のいい自動車産業から抜けだすことはなかった。私自身、デトロイトの特化、産業統合、効率性を賞賛していた。それが経済停滞の前兆とわかったのはただ後知恵によってさ」

ホーテンスは怒っているように言った。「どうして輸入置き換えや転換の話をいまごろになって聞いているのかしら？　大学でなぜ教えてもらえなかったの？　何といってもそれは目の前で進行していることなのに」

「大学ではまだそのことを教えていないだろう」とマレーが言った。「ハイラムが最初に活力自己再補給と輸入置き換えについて話してくれたとき、私は彼が取り組んでいる基本的で重要な概念を訂正しようとした。われわれの世代のエコノミストは規模の経済に強い信頼を置いていた。私は分散された生産——地方的生産——を時代遅れで、現代的、効率的な組織を知らない経済のなごりだと考えた。私は、ハイラムが消費者を不利にするにすぎない地方版保護貿易政策やノスタルジックな経済の見方に興味をもっているのだと決めてかかった。こうしたことは経済の標準的な見方だった。

ハイラムは、企業は以前には商品やサービスを輸出するだけだった都市にしばしば工場や事務所の支部を設置するという事実に私の注意を引いた。その都市の市場が生産をよしとするほどに拡大した場合にはね。企業は自社の経済的私的利益に強いられてこうしたことを推し進めるとハイラムは指摘した。『なぜそんなことをするのか?』と彼は訊いたよ。考えた末、私は立地の経済はしばしば規模の経済に勝り、かつ優先することを認めなければならなかった。

疑ってかかったもうひとつの理由は、〝輸入代替〟(import substitution)という名で知られている一九七〇年代の短命に終わった空騒ぎを思いだしたからだ。貧困国は工場を建設するために貸付金と専門的技術を提供された。工場では、輸入していた種々のものを生産するつもりだった。モーター、靴、電球、薬など何でもだ。同時に貧困国は海外支払いを節約できた」

「そう、結構いい案のようだ」とアームブラスターは言った。「輸入置き換え(import replacing)と同じではないのかい?」

「同じなのは理論の上だけでのことだよ」とマレーが言った。「思いだしてほしいが、活力自己再補給は抽象観念ではないんだよ。それは目的に合致した効果的な備えをもつ個別の主体に特有なものだ。輸入代替計画では該当品目は輸入統計から抽象的に選ばれた。工場は半ば田舎の経済不毛の地に設置された。というのは、そこに仕事がいちばん必要だったからだ。労働コストは低いけれども、工場とその輸入された設備、経営者、監督者は高くついた。市場は手近になかった。共発展は欠けていた。うまくかみ合うものは何もなかった。その期待が実現したことはほとんどなかったけれども、意図された輸入代替品がまずまずのスピードと信頼性で実際に生産されたときにも、製品はそれと同じ輸入品より高くついた。あてにしていた顧客は製品を買うだけの余裕がなかった。これが輸入代替の流行が短命だった理由だ。だが、それはそうでもこの流行がウルグアイを破産させ、ほかの多くの国をほとんど破産させかけた。これで輸入代替がなぜ評判が悪いかがわかるだろう」

「評判が悪くて当然さ」とハイラムは言った。「特殊な場所で特殊な状態に敏感に反応する過程であるはずのものが無視されて、がんじがらめに押しつけられてしまうんだもの」

「官僚には君が言おうとしていることは絶対にわからないよ」とアームブラスターは言った。

「われらみんなにとっては、君がはじめに言ったあることが教訓になっていると思う。自然の過程は私たちにできることやそのやり方を制限する」。彼はメモ帳にざっと目を通した。「ハイラム、今夜の君の説明を私はこのように理解している。地域には自分たちの輸入の一部を使って、より多くの、またちがった種類の輸入を獲得する二つの方法がある。第一に、地域はある輸入を新しい輸出企業に取り入れて、その輸出代金で輸入を賄う。第二に、地域はある輸入を地元生産で置き換え、これに代わってほかの輸入品を購入することもできる。輸入置き換えと輸入転換という二つの活力自己再補給手法には制限がなく、それぞれが相互に支援し合う」

「うまくまとめてくれた」とハイラムは言った。「ひとつだけ付けくわえたい。輸入転換している都市の企業が、商品、サービスのすばらしい顧客なのはわかりきったことだ。転換された輸入、これはそこの地方で生産はできない。少なくともまだできない。これらは主としてほかの社会で生みだされた革新的な商品とサービスを含んでいる。もちろん、このことに私は特に関心をもっている。エネルギー、食料、建築用材料、リサイクルされ再利用できる商品や生物分解性の商品、有毒含有物を排除した商品などを生産する環境にやさしい革新的な手法、これらすべてには創案者だけでなく顧客を必要とする。歴史的には革新に対していちばん早く注文を出す支払い能力のある顧客は、成功している輸入転換都市の企業と個人だった」

「これまでのところ」とハイラムはつづけた。「われわれは三つの基本的過程について議論した。分化と結合による発展と共発展、エネルギーの多様かつ多角的な利用による拡大、活力自己再補給による自己保全の三つだ。これらの過程は人間以外の自然を支配しているのと同様に、成功している経済をもたしかに支配している。説明に都合がいいように、これらをひとつずつ取り上げた。けれども、三つは連動している。「自然は単調さを忌避する」とケートが言った。「多様な生態系は単一作物農場よりももっと安定している。多様性それ自体が、単一作物農場を破壊する病気や異常気象による完全な荒廃から生態系を保護しているのよ」

「経済的安定性を維持できるかどうかは不確実なことだよ」とハイラムは言った。「なぜなら、動的安定性が求められているからね。もしみんなにその気があるのなら、もう一回の会合でその問題について検討できる」。彼はたずねるように一息ついた。四人が同意してそれぞれうなずくと、つづけた。「もう一回だけ会合をもてるね」。ここで彼はVサインを掲げた。「というのは、うれしいことに私のクライアントのひとりが試験的な生産に入るばかりになっているんです。ほかにもうひとり、いましもそうなりそうなのがいます。私は彼らの指示のままに、無数にある細目を手伝う任につかなければならない。さらにものすごい緊急事態がきっと起こるにちがいない。だから来週の土曜日の朝にここで会うのはどうでしょう。暖かい日になれば裏庭でピクニックランチが楽しめる。そのときには食事をしながら話ができるよ。たぶん夕食前には終わるでしょう。終わらなかったら、まだ夜のゆとりがあるよ」

「いいわね」とケートが言った。「〝ゆとり〟という響きが好きだわ。なぜって私、時間があればみんなに聞いてもらいたいアイデアを考えているから」

「テープレコーダーをここに置いていこう」とアームブラスターは言った。「レコーダーが一週間をすごす招待状をいただいたことにして」

第5章　崩壊を避ける

マレーはホーボーケンに泊まり、明け方に目覚めた。彼を除くと、土曜の朝に集まったメンバーは、みな大儀そうだった。ケートは、この晴れた日に屋内に閉じこもるの、と不平たらたらだった。アームブラスターは、彼らしくもなくテープレコーダーに手こずっていた。ホーテンスは、ぼんやりと空を見ていた。そしてハイラムは、二杯めのコーヒーを啜りながら、自分も退屈しきっており、聞く人をも飽き飽きさせるような調子で、だらだらと低い声で話しはじめた。「基本的に言って、自己修正は――」

「今日の話題は動的安定性のはずだが」とアームブラスターが文句をつけた。「そいつを調べてきた」

「動的安定性の本質は絶えざる自己修正です」とハイラムは言った。「あなたの定義は？」

「動的はギリシャ語で力、または強さを意味する。それには運動という意味もある。安定性は〝立つ〟という意味のラテン語根から来ている。安定性が動的といっしょになると、それは転覆、瓦解に抵抗するという意味合いになる」

「力をふりしぼって確固たる状況を守っている、というわけだ」とマレーが言った。

「そのとおり」とハイラムは言った。最後のコーヒーをぐっと飲み込んでカップを置くと、いつもの熱心さが戻ってきた。

「先に進む前に聞いておきたいのだが」とアームブラスターが言った。「動的と言うとき、どんな対象について考えているんだい？」

「あらゆる種類のシステムですよ。活力を失ったり解体してしまったのは別としてね。それにはすべての生物システムが含まれる。生態系、生物、生物を構成する細胞、微生物など。生物以外にも多くのシステムがこれに入る。河川、大気、地殻がそうだ。人間の集落、企業、経済、政府、民族、文明——これらも動的に安定的なシステムだ。安定性はその逆である不安定性を含んでいる。すべての動的システムは不安定性に屈服する危険をはらんでいる。だからこそ絶えざる自己修正が必要なのだ。もし動的システムが安定性をまったく失ってしまうなら、そのときには崩壊して無活力となるか、解体してしまう。そのときには、結局はたぶん何かほかの動的で安定的なシステムがそれを呑み込んでしまう。でなければ、砕け散った破片から何か新しいシステムがみずからを組織していく」

「生きるものはすべて死の危険にさらされているということだな」とマレーが言った。

「最後にはいつも死が勝つのよ」とホーテンスは暗い顔で呟いた。

「永久につづく動的安定システムは存在しない」とハイラムは言った。「でも驚くべきなのは、そのように壊れやすいシステムがしばらくのあいだにもせよ持続していること、代々つづいていること、そして日の当たるときには繁栄しさえすることだ。動的システムは破局を回避する能力と手段を備えている。もちろんツキも一役買っているよ。でも、幸運に恵まれているときでさえも動的システムは適時適切に絶えず自己修正していかなければならない。この能力、手段は四つに分類できる。そのうち──」

「たったの四つなの！」とケートが叫んだ。「経済についてだけでも何十もある。その他の自然となると、──どう、幾百万、幾兆にならない？」

「実際には、四つは結構多いんだよ」とハイラムは答えた。彼は、うっかりタバコが背広のポケットに残っているような気がしてまさぐっていたが、我に返った。「自然は細目に富む。されど原理に吝嗇《りんしょく》なり、さ。その四つを簡単に見ていこう。分岐、ポジティブ・フィードバック、ネガティブ・フィードバック、そして緊急適応の順にね。

前もって警告しておくけれど、個々の修正方式はそれだけで存在することはめったにない。それぞれの修正方式は他の方式にクモの巣状に影響し合う。動的システムは四つの方式を同時に用いることができるし、実際に用いている。どの方式も、それだけで完全ではないことも予告しておこう。どの方式にも落とし穴が隠れている。副作用が邪魔になる。だからこそ動的システムは永続しないのだ。でも、欠点はあるが、どの方式で修正するにしても、いっさい修正が行われない場合にくらべれば、比較にならないほど役に立つ。ともかく、われわれはこれらの修正方式を、感謝の念をもって、かつ油断なく、利用し頼りとしていくべきなのだ」

「動的システムが備える自己修正の方式がこの四つだけだということ、どうしてわかるの？」とケートが訊いた。

「わからないよ。経済であれ、その他の自然であれ、私が知っているのはこの四つだけだ。もちろん、私の経済への興味がそれ以外の自然についての私の知見に影響しているかもしれない。私が言えるのは、この四つが私にとっては最善の推測だってことだけさ。あなたがほかの方式を掘り当てたら、あなたの勝ちだ。

分岐の事実についてはすでに話し合った。なぜなら、分岐すなわち発展だから。ただ、すべての発展イコール分岐ではないが」

「では、分岐を定義してくださらない？」とホーテンスが言った。彼女も元気を取り戻していた。

「この言葉はフォークを意味している。先が枝分かれしている食器がフォークだが、道路の分かれ道もフォークだ。分岐はカオス理論の術語だ。数学者は同じことを不連続とよぶ。ここに修正原則がある。システムのある種の不安定性が深刻になり、従来と同じように運営をつづけることが、意味のある選択肢ではなくなることがある。システムは根本的な変化をとげなければならない――分かれ道を選び、新しい領域に進まなければならない。

進化の歴史には分岐の例がいっぱいある。われわれの視点からいって重要な例は、水中脊椎動物の祖先から大気を呼吸する脊椎動物が出現したことだよ」

「それはどんな不安定性を克服したの？」とホーテンスが訊いた。

「確かなことはわからない。肺魚にはエラがあり、原始的な肺もあった。両方をもっていたことをみると、その棲みかは沼地だったのだろう。いちばん早い時期に上陸したのは、生息していた沼がきびしい日照りにあった生物だろう。あるいは恐ろしい顎をもっている捕食動物から逃れようとして上陸したのかもしれない。敵は陸地までは追ってこられなかったのだろう。私はそれが特定の地域で始まったと思う――種の分岐は統計的な分散で生じるのでなく、個々の適応として散発的に生ずるのだから、そうにちがいない。成功した適応がひろがって、適応した生物の数が増えるわけだよ。

もっと早期の例は、多細胞生物の出現だ。われわれと同じく、多細胞生物は細胞内だけでなく細胞間でも共生的分業を行う。もっともらしい仮説によれば、豊かで栄養に富んだ環境は積み重なった細胞でいっぱいになり、そのなかの積まれている段によっては環境の栄養に直に近づけない細胞もあるようになった。どの細胞がさまざまな生活機能のうちどの役割を引き受けるかは、今日の単純な多細胞生物でも、また人間の胚が発達する際にも、塊のなかでどこに位置していたかによって決められる。もっとも、たぶんはじめはライフサイクルでの一時期かぎりの出来事だったのだろうがね。位置が将来を決定する。この仮説がもっともらしいのは、不安定な臨界量を超えると、もっと余裕のある環境においては生じないような発達が起きることが多いからだよ」

「それは経済にもあてはまるかい?」とアームブラスターが訊いた。

「おおいにあてはまるさ」とハイラムは言った。「ローマ人は、地域の泉や井戸やテベレ河が人口を養いかねるようになると、水道を建設した。そのほか、近代都市は地上の街路が交通を支えられなくなると地下鉄を建設し、ビルが高層になるとエレベーターが据えつけられ、人口が稠密になった地域では伝染病予防のために公衆衛生措置がとられた。いずれも分岐の明白な例といっていい。

九〇〇〇年前よりさらに以前のある時点で、革新的な狩猟民が捕獲した動物を生かしておいて飼育しはじめた。これは、狩猟生活の不確実性と不安定性を修正するものだった。飼育食肉動物のいた居住地で、これまでに見つかったうちでいちばん古いのは、トルコのチャタルヒュユク［トルコ中南部にある新石器時代の遺跡］だが、その当時としては複雑な経済をすでに営んでおり、織物や銅製品など精巧な工芸品があり、交易が行われていた証拠も多く、数千人規模の稠密な人口をかかえていた。狩猟は、動物飼育と並んで引きつづき重要な活動だった。あとから見れば、動物を集めて飼うことが、多くの活動が集まっているこの居住地では、いかに重要であったかがわかる。人間の数が増え、後背地での野生動物を一掃するだけの技能をもつようになると、食肉を野生の獲物に依存しているままだと、飢え死にするか、絶えず住居を移転するかしなければならない。それは、もはや実行可能な選択肢ではなくなる」

「その代わりに菜食主義でやっていくことも可能だったでしょうに」とホーテンスが言った。

「同じ原理に従ってね。むしろ農業のほうがもっと重要な、もっと大きな安定をもたらす新しい分岐だった。特に穀物耕作が園芸、林業、牧畜、輪作、それにしかるべき道具と結合すれば、いっしょになって長期持続的な農耕が可能になる。

分岐は複雑な結果をもたらす。それはまったく新しいやり方を含んでいるだけでない。分岐を生み、または模倣を通じて分岐を取り入れたシステムそのものを、変化させる。分岐が積み重なると、文明の性質が変化してしまう。それがわかるのは、青銅器時代、鉄器時代、産業革命、科学時代などを顧みるときだ。われわれは現代を未来の歴史家が脱工業化の時代、ポストモダンの時代、あるいは知識の時代とよんでくれると思いたがっている。

分岐が効果的であればシステムを変化させるという法則は、小規模の場合にも作用する。ここでもフラクタルがあてはまる。その製品がすたれたり、競争者に出しぬかれたりして、倒産の危機に立った企業は、新製品の商売に乗りだして破局を回避できる。ただそうすれば、企業の性格が変わるのは避けられない。——以前は何の関係もなかった顧客を誘ったり、それまでは必要としなかった調達先を利用したり、または調達先にも同じく変化するよう働きかけたり、従来は要求していなかった技能やアイデアをもつ労働者を募集したり、立地を変えたり、他の企業と共同事業を行ったり合併したり、いくつもの変化を縦横に組み合わせたり、こうした自己修正が十分でないと、企業は崩壊する」

「生態系では、失敗した生物は、成功した生物や新たに登場する生命の餌になるわ」とケートが言った。

マレーが会話に突然割って入った。「同じことは経済でも起きている。倒産した企業の資産は、失敗した企業よりもうまく利用しようとしている購入者に売り払われる。

多くの新規企業は、当初必要な設備を破綻企業から出血価格で手に入れている」「分岐がうまくいくには、タイミングが大切だ。このことが、想像以上に多くの問題を引き起こす」とハイラムが言った。「システム崩壊以前であってはじめて、分岐は修正の役に立つ。以後になると、手遅れだ。というのは、分岐はあらかじめ利用可能でなければならない。分岐は、不安定性が絶望的ないし終末的にならないうちに、どこかで準備され、待機していなければならない。それはどうして可能なのだろうか？

ジョエルとジェニーが自分たちのちっぽけな企業のために小規模な新規事業を考えついたとき、不安定性を修正するつもりはなかった。だから分岐と言わず、新規事業とよんだわけだ。お二人は現状、つまり靴修理をつづけることもできた。でも、彼らは機会に反応した――この場合は、もっと有望な経済ニッチの見込みに賭けたのだ。私の生物模倣は、環境破壊に対する恐怖によって進められている。しかし同時に、好奇心を満たし、創造性を発揮するチャンスによって引っ張られてもいるのだ――この場合、それらが強力なインセンティブになっている。企業繁栄への希望など、機会という牽引力こそは、その発明発見が危険に瀕するシステムにとって手遅れにならないうちに分岐が用意され待機できる理由なのだ。それはしばしば、他の活動の副次的な仕事として始まる――牧畜ははじめは狩猟の副業だったにちがいない。でなければ最初の家畜は一体どこから来たのだろうか？　副業は分岐の孵化器（インキュベーター）だ。必要が発明の母だというのはうそで、機会が発明の母なのだ。必要かどうかはあとになってわかることだよ」

「そのことで、腹が立つことがあるの！」突然、ホーテンスが叫んだ。「人間嫌いのエコロジストは、疫病と飢饉が、とめどない人口増大を制限した、と指摘するのが大好きよ。彼らが考えつくかぎりでは、そのような災厄だけが地球を無制約で持続不可能な人類の増殖から救うってわけ。ああいう人間嫌いたちは注意不足だから、経済が繁栄すると――女性も男性も教育を受け、母たちは子孫が疫病や飢饉から守られ、教育を受けられると考えてよくなると――そういう経済でこそ、女性は子どもの数を自発的に制限することが、わからないのよ。女性は宗教的権威や国家が禁止しようとも、そうするわ。疫病や飢饉は必要ない――その反対よ。ハイラム、産児制限も分岐とよべる？」

「よべるとも。君が怒っている人間嫌いたちは、人類は種としてみずからを崩壊から救える能力があることを信じられなくなったのだ。昔は信じたことがあったにしてもね。産児制限は他の分岐と同じく、それが出現可能なところで始まり、以後さらに拡大し――女性と子供の経済的社会的条件が産児制限に向いているところではどこででも行われている。自発的産児制限は、遠い将来になって振り返ってみれば、農業や牧畜と並ぶ重要な安定化のための分岐だったということになるかもしれない。

でもこういう人間嫌いにも、認めるべきところはあるよ、ホーテンス。非常に重要な論点を把握したのだから。分岐は不安定修正にはすぐれているが、新しい不安定性を生みだしもする。疫病や飢饉の克服法は――われわれがやってきた程度にまで利用すると――先例がないほど急速な人口増大、先例がないほどの資源窮迫など、新しい不安定性を生みだした。中国のように産児制限を国家が強制すると、これも新たな不安定性を生むことはたしかだ。それは現在時点ではただおぼろげに推測できるだけだが。もっと漸進的で人道的な自発的産児制限も、社会経済生活に新たな不安定性を注入する。まず手はじめに、年金制度、移民政策、教育を歪める。

これが分岐に隠された落とし穴だ。すなわち、意図せざる、予期せざる結果さ。自動車とトラックが出現したために、車を引く馬や牛などは都市では使われなくなってしまった。その糞尿、虫害、そして騒音が都市では耐えがたくなり、飼料供給のために農場への圧力が増大しつづけたからね。これはすぐれた分岐だった。しかし自動車は新しい不安定性をつくりだす。それにはそれで修正を至急加える必要がある。意図せざる結果の落とし穴は、人間の短慮や愚鈍に由来するものではない。物事の本質からいってやむをえないのだ。地殻自体がその不安定性を修正しきっていない。なぜなら、地震、火山の噴火、そして地殻変動によるプレート移動は、ただ一時的な修正にすぎないからだ。修正すればしたで新たな圧力と緊張が生じる。同様に、あらゆる進化的発展は、それがどれだけある種の動物にとっては安定性を強めようとも、他の種の動物には不安定性をもたらす――」

「そのことは繰り返し注意されなければならないわ！」とケートが言った。「新しい不安定性が他の動物を害するのは、自然がわれわれの役割を決めているからよ」

「われわれが住んでいるのは永久に静止しない惑星の上なのだ」とハイラムは言った。

「その創造性、多産性は、終わりなき修正を要求してやまない。それはどうしようもない。悲観的に考えると、完璧であることができず、よくて暫時をのぞき、まあ安全とすることとさえ不可能な経済的社会的システムにわれわれは閉じこめられている。このことに絶望したって当然だ。しかし楽観的に考えると、世界は富んでいて、われわれの行動を修正し、修正し、さらに修正するべく、興味深く建設的な機会を、無限に与えつづけている。これを面白いと思うこともできる。

それに、動的システムが不安定性と崩壊を土壇場で静止させる方法は、分岐以外にもあることをお忘れなく。つぎの範疇、ポジティブ・フィードバック・ループに移りましょう。

この範疇には、楽しい例がある――カリフォルニア沿岸のセコイア林のポジティブ・フィードバック・ループだ。よく育ったセコイアは大量の水分を必要とする。雨がカリフォルニアの生息環境に与える量の平均して二倍の量だよ。それでもセコイア林はきわめて安定していて――」

「安定して〝いた〟と過去形で言うべきだわ。いまの伐採スピードでも、絶滅の恐れがあるのよ」とケートが憤慨していった。

「そのとおり。でも私の言いたいことをつづけさせてほしい。沿岸のセコイアは約二〇〇〇年も生きる。生存に成功していることの証だ。どうやって水不足を克服しているのか。細い繁茂した針状の葉をもって、この樹は霧をさえぎり、湿気を吸収する。つまり、雲から直接に水分を補給するのだ。雨は降らないが霧の出る夜、背の高いセコイアは、びしょびしょの降雨があったかのように樹下の大地を濡らす。

この便益の過程はループとなって作用する。樹木の成長は霧によるところが大きい。樹木の背が伸びると、より上空の――つまりより多くの――霧に葉が届く。より多くの霧に葉が届くと、背がさらに伸びる。以下同様だ。樹高と霧量が相互に影響するループになっているために、樹木は自分たちの環境を安定させることに寄与している。

この繰り返しが生態学者によってはじめて科学的に測定されたのは、セコイアの立木についてだった。しかしこの樹高と霧量の反復関係は、マツやその他の樹種からなる、いろいろな森林でも識別されている。

経済における好循環はもうお馴染みだね。もっとも、いままではフィードバックだのループだのという呼び方はしてこなかったけれど。たとえば、ある地域の輸出者は、その地域の供給業者を助ける。供給業者のなかには自分自身のために輸出を始める者も出てくる。彼らはさらにいろいろな供給業者を支え、そのなかから輸出者になる者が出てくる。以下同様だ。このループは、輸出・輸入の好循環とも交差している。ある地域が、その輸入や資源を人的労働や資本と結びつけて、輸出を生みだす。この輸出によって、この地域はより多くの、より多様な輸入を行う。その一部が、さらなる輸出を生みだすために用いられる。以下同様だ。これは経済的活力自己再補給の一形態だ。ほかの活力再補給のループには、強力な輸入置き換え、および輸入転換の繰り返しがある」

「生態系は繰り返しのループでいっぱいよ」とケートが言った。「植物は動物を支え、動物は植物に肥料を与える。植物が成長し繁茂すると、より多くの動物を養う。以下同様よ。サケの幼魚は生地の流れで栄養をとる。栄養が身について丈夫で大きくなり、流れを下って海へ泳いでいけるようになる。海で栄養をとって強く大きくなって、海から川を遡って生まれた場所へ帰ることができるようになる。身体にたっぷりついた栄養が海から運ばれ、生地を豊かにする。幼魚の新世代は海で強化された栄養を内陸の生息地で見いだす。以下同様よ。最近では生態学的な繰り返しのループや交差のループが絶えず識別され、測定されている。しかし、なぜそんなにこれに興味がもたれているのか、その理由を考えると悲しく絶望的になるわ。私たちがそのようなループを恐るべき規模と速度で切断しているからなのよ。でもまあ、悪いことをしていることを知ることは、少なくとも行動を改善する前提のひとつだわ」

「生態系にせよ経済にせよ、好循環が働かないところでは破綻を未然に防止することは不可能だ」とハイラムが言った。「ポジティブ・フィードバック・ループこそまさに分岐と多様性が出現する構造であり、背景なのだ。ポジティブ・フィードバック・ループが動的安定性を損なうことなく、バイオマスの拡大と経済の拡大を可能にする。実際、それはダイナミズムと安定性の両方を高める」

「フィードバック・ループという表現をなぜ使うの？」とホーテンスが質問した。「フィードバックとこれとどう関係しているの？　ちゃんと教えて」

「フィードバックは、システムが発信し、かつシステムが反応する情報のことだ。その情報はどんな媒体によって伝達されるものでもよい。貨幣、人口、機械、科学、電気、そのほか何でもかまわない。フィードバックは、その情報に対する有効な反応を引き起こす。

デジタル・システムでは、電流によって伝達された情報がスイッチを動かす。スイッチがとる位置は二つしかない。オンかオフか――プラスかマイナスかだ」

「サイバネティックスと関係がありはしないか？」とアームブラスターが訊いた。そして「キベルネテスは操舵手を意味するギリシャ語だが」と付けくわえた。

「フィードバックの作用を表わす、すばらしい言葉ですね」とハイラムは言った。「舵に手を置いて船を航路に沿って運転しているイメージがある。フィードバックという言葉はノーバート・ウィーナーの造語で、彼はコンピューター・サイエンス（計算機科学）の輝かしい創出者のひとりだ。ポジティブ・フィードバック、ネガティブ・フィードバックは電気回路では開回路、閉回路という明確な意味をもっている。それが転用されて、システムにおけるフィードバックを示す一般的な言葉として術語になった。もっとも、フィードバックに付けるポジティブ、ネガティブという形容詞は、こじつけで混乱をもたらしさえする。どのフィードバックがポジティブでどれがネガティブかを区分するには、ポジティブ・フィードバックはフィードバックが示している状況をさらに強め、強化するものだと記憶しておけばよい。ネガティブ・フィードバックは、あとで議論するが、作用はまったく異なっている。ネガティブ・フィードバックでは、フィードバックが示しているものをネガティブの反応が打ち消し、ないものにしてしまうわけだ」

「民間語源学も役に立つ」とアームブラスターは言った。「私はどっちがどっちだったか、いつも覚えられない。ポジティブ・フィードバックのループはすばらしいよ、ハイラム。分岐ほどびっくりさせるものでなく、問題も少なそうだ」

「ちょっと待ってください」とハイラムが言った。「ポジティブ・フィードバックにはごまかされやすい。ポジティブ・フィードバックへの反応は、力を集め、強めることだけだ。それだけに安定的、建設的な状況を強化することがあるのと同様に、不安定な、あるいは破壊的な状況を、自動的にかつ着実に強めていくこともある。そういう場合にはこのループを悪循環とよぶ。たとえば、ある動物が病気になったとする。あるいは傷を負ったとしてもよい。このためしばらく食料が手に入らなくなる。食料不足はその動物をさらに弱める。食料を得ることはさらにできなくなり、動物はさらに衰弱する。以下同様だ。捕食者に狙われてこの悲惨を逃れることがないとしても、この悪循環はその動物の死、その崩壊に終わる。この場合には、以前には活力自己再補給に作用した好循環が逆回転する。それでも、フィードバック機構が伝える新しい状況に対して、ポジティブな反応、それを強化する反応をもって応じていることは、前と変わらないのだ」

「経済についても同じような例があるぞ」とマレーが言った。「営業収入が営業費用をカバーするには不十分だとわかったとする。それに対する反応が、借金をして穴埋めすることだとしよう。営業費用の他に利子費用が加わる。穴が大きくなる。だから借金を増やす。さらに穴が開く。以下同様だ。この悪循環は赤字融資とよばれる。最終的には金繰りがつかなくなる」

「悪循環は行き止まりだ。システムが示している不安定性を是正せず、かえって強めるのだから」とハイラムが言った。「北大西洋ニューファンドランド沖は、グランドバンクスとの異名を得て、三世紀にわたって漁師とその地域を支え、ヨーロッパと北アメリカの人々に食料を供給してきた。タラは無尽蔵のように思われた。水揚げは年々増え、二〇世紀前半には平均して年間五〇万トンに達した。それからさらに跳ね上がり、漁獲量は一九六〇年代後期には年間で一五〇万トンに達した。

その後、収量は減少しはじめた。個々の魚の体積も小さくなりはじめた。そしてタラの価格は上昇した。国際漁業界は、忍び寄る希少性と価格上昇に対応して、大型のトロール船と漁網を投入した。漁獲量がさらに急減すると、より大型でより効率的な漁網で海底を徹底的にさらうことで対応した。以下同様だ。一九九二年、グランドバンクスのタラ漁はついに完全に潰え去った。タラがいなくなったのです。これは、ニューファンドランドの漁師、魚加工工場労働者、および地域社会にとって、恐るべき経済的・社会的災厄だ。生態面での災厄については触れないが、その複雑に入り組んだ結果がどのようなものであるか、まだよくわかっていないほどです」

「問題はフィードバックの情報にあるのでなく、情報への対応にあるわ」とケートが言った。「正しい対応は、漁獲量が減りだしたら仕事の手を休めることだったでしょうに。漁師の対応は論理に合っていなかったわ」

「水産科学者や生態学者のなかには、漁の休止を勧めた人もいた」とハイラムが言った。「漁師の中にはそれに従った人もいた。海岸近くで小型のボートと漁網を使うことにしてね。――なにしろ、捕まえるタラがどんどん小ぶりになっていくことがわかっていたのでね。こういう人は沿岸漁師とよばれたが、大型トロール船と巨大漁網がさらに沖に乗りだすのを見て驚き、かつ怒った。でも沿岸漁師も生態学者も、カナダやニューファンドランドの政府、あるいは国際漁業界の重圧に対抗しきれなかった」

「それ自体としては、ケート、漁業界は論理的に対応しようとしていたのだよ」とマレーが言った。「漁船と魚網の大型化は、投資拡大になる。より多額の資本コストを回収しようとして、懸命に漁獲しようという圧力が増すからね」

「悪循環に陥り、かけた費用も結局は無駄になってしまうことは、事態が進行中には必ずしも明らかではない」とハイラムは言った。「次の例を見よう。ラッシュアワー中、道路で混雑するものが出る。その情報は交通渋滞や交通時間の延長の形で送りもどされる。一方、このことは、自動車やトラックへの依存が大きくなりすぎていること、別の交通手段が人や財貨の輸送を助ける必要があること――あるいはたぶん、地域用途規制が日常の衣食の便宜や労働を住居から切り離しているため、不必要な交通が輸送体系に耐えがたい負担を課していることを意味するものと論理的に解される。しかし他方では、混雑は現存の道路や街路が不適切であることを意味すると論理的に解することもできる。この場合には、論理的な対応は、街路幅を広げ、より多くの道路を建設すべきだということになる。

これら二つのありうべき対応のうち、第二の対応が勝った。しかし、道路の拡張・改良とこれを利用しての輸送速度の向上とは、自動車利用と自動車数の増大を招き、混雑が再発し、さらなる街路の拡張、道路や高速道路、駐車場、その他の増設が必要となる。資金と労力をおおいに費やして何を得たかといえば、ラッシュアワーが延び、自動車は時速約一二マイルでのろのろ運転をつづけているありさまだ。

道路―交通量悪循環は、別の悪循環と混じったり、相互に強められたりする。自動車―郊外スプロール化の悪循環によって、運輸交通は高くつくか、さもなければ不可能になる。そのため、自動車はさらに必要になる。自動車をもつ資力のない者も、それにもかかわらず自動車を維持することを求められ、道路―交通量ループを強化する。それは交通量―輸送人員減少ループおよび交通量―サービス低下ループによってもまた強化される。輸送人員と運賃収入が減少するにつれ、運輸サービスは削減される。それによってさらに輸送人員と運賃が失われ、サービスがなおさら削減される。以下同様だ――ついには崩壊に至る。つまり、かつてのサービスが消滅するわけだ」

「どんどん衰弱し栄養を身につけられなくなる動物の例を除くと、君が挙げた悪循環の例はすべて貪欲か論理の誤りのおかげだ」とアームブラスターが言った。「人間以外の自然は人間の手を借りなければ悪循環を生じさせることはないのだろうか？」

「悪循環は被害をもたらすが、自己終結的です」とハイラムが言った。「道路―交通量ループだって無限に悪化をつづけられはしない。人間以外の自然に悪循環が出現したら、自然は人間とはちがって悪循環を引きのばすようにはなっていないので、悪循環が消失する。つまり衰弱した動物のように自己破滅してしまう。

しかし、地質学が問題にする古い時代のできごとだが、氷河時代があったという事実は、大規模の不吉な悪循環の存在を示唆している。ひとつの仮説的な単純シナリオを紹介しよう。太陽熱をとらえるガスまたは分子によって大気の温暖化が引き起こされると、比較的寒冷な極地での降雨量が増大する。そうすると氷原や氷河がひろがるが、氷原や氷河は熱を吸収せず反射してしまう。そこで寒さが厳しくなる。そのため氷がさらにひろがる。以下同様だ。さらに、熱を吸収するバイオマスが減少し、これによって引き起こされる興味深い悪循環が上の悪循環とさらに交差する。雄大な規模での悪循環の作用がどんなものか、見当がつこうというものだ。理論家たちはいろいろ異なったシナリオを構築している。もちろん、どれも推測の域を出ないがね。でも、事実として氷河時代は繰り返し訪れた。何かがそれを引き起こしたにちがいない。より直接的な理由、たとえば太陽のエネルギー産出量や地球の軌道の変化などでは、なぜ繰り返し起こるのか、説明がつかない。大気化学者ジェームズ・ラヴロックは、——そう、ホーテンス、あなたが以前に質問したガイア理論を唱えたのがこのラヴロックだが——氷河時代こそ地球にとって常態であり、われわれがいま享受しているような温暖な間氷河期は異常事態で、特別の説明が必要だと考えている。もしもラヴロックが正しいとすると、シベリア、スカンジナビア、カナダ、そしていまわれわれがいるここも氷の下になっているべきなんだ」

みな暗い気分で沈黙して座り込んでいた。やっとアームブラスターが口を開いた。

「経済的悪循環――そいつに落ち込むのを防ぐ手があるかなあ？　崩壊との戦いで、この点でわからなくなるような気がする」

「経済的悪循環は、補助金を受ける結果として起こることがよくある」とハイラムは言った。「最初はそうでなくても、やがてすぐ、そして時間がたてばたつだけいっそう重く。悪循環をコントロールすることは――少なくとも理論的には、可能だろう。悪循環のコストは負担されなければならず、それを価格に含めなければならないとすれば、ね」

「でもあなたの説では、ボートや漁網のコスト、それにタラの値上がりが悪循環を促進したはずよ」とホーテンスは抗議した。

「言い忘れていたけれど、タラ漁とその労働者は補助金を受けていた。――カナダではタラが減少すればするほど、ますます多額にね。補助金に要する費用がタラの価格に加算されていたら、タラが絶滅する前に、タラは市場から姿を消していただろう。

補助金の目的は特定の産業とその労働者を支援することにあり、その意図は果たされたわけだ。自動車の価格は、その間接的な費用を償うに至っていない。間接的な費用というのは、土地とエネルギーの浪費、住み心地良さの破壊、交通規制の費用、汚染、保険非加入の運転者により引き起こされる事故などだ。

私が言おうとしているのは次のようなことだ。経済的悪循環は問題解決を意図するが、実際には問題を解決しない。解決しようとした問題は残る。解決が遠のくと、引き延ばしの費用が上昇しつづける。こんな特徴を示す活動があればおかしいと思い、悪循環に身を委ねるのでなく、それを中断しなければならないのだ――これと本質的に同じ忠告は、薬物常習者、賭けつづけずにはいられない賭博者、喫煙者、その他の中毒者にも与えられる。経済的悪循環は経済的・政治的中毒だ。それを断つには、現状の持続でなく、分岐に拠るのがいちばん効果的だ。

好循環も悪循環も、両方とも限界に達することに注意してほしい。セコイアのたけは成層圏までは伸びないし、マツはセコイアほど高くはならない。各自が樹高―霧量ループの利益を受けるとしてもね。経済の例をとると、都市は輸入を置き換え、転換させるけれども、全世界の経済を拡大するわけではない」

「樹の高さには遺伝的に、また機構的に限界があるのはわかるわ」とホーテンスが言った。「でも都市が輸入を置き換え、転換させるのにも限界があるのかしら」

「あるよ。その理由は、他の都市でも好循環が作用していて輸入を置き換え、転換させ、輸出をお互いに差し引きし合っているからだよ。すでに大規模で多様な経済を達成した都市は、その経済を維持し損失を償うためだけのためにも輸入を置き換えつづけなければならない。言い換えると、好循環はある限界までは安定性を達成するように作用するけれども、その点を超えると、安定性を維持するように作用する。しかし好循環のループは依然必要だ。システムは動的でなければ衰退する。

悪循環の限界は動的安定性の達成ではなく、瓦解だよ。それは行き詰まる。負債は支えきれなくなる。漁業は、崩壊する。交通システムは、消滅する。賭博師は、賭けがやめられなくなって資金不足になる。でなければ使いこむ。悪循環は自己破滅的コースを走り終え、消滅する」

この主題について話すことはもうないという風情で、ハイラムはミネラルウォーターを一口飲み、上着を脱いでホーテンスが椅子の肘にかけておいたセーターに着替えた。

「不安定性に対する他の自己修正についての話をさらに聞きたいのかどうか、自信がなくなってくるね。だって不安定性を自己修正するはずが、向きを変えて不安定性を増幅するというんだもの」とアームブラスターは言った。「でも勇気を奮って前進しようよ。次の分類は何だったたっけ、ハイラム？　ネガティブ・フィードバックだと言ったよね」

「そうです。でも、ここはポジティブ・フィードバック・ループの話をつづけて元気を出そうよ。裏切ることもありはするがね」とハイラムが言った。「好循環は生態系でも経済システムでもなお作用している」

「どうしてわかるの？」とホーテンスが訊いた。

「そうでなければ、世界は死んでいただろう。あなたはネガティブ・フィードバック・コントロールがお好きだ、アームブラスター。ここでこそ舵に手をかけ羅針盤を睨んでいる操舵手というノーバート・ウィーナーのイメージがまさにぴったりだ。

私たち自身の日常の呼吸が、この原理をよく表わしている。いつつぎの息を吐くかはわかっている。血液中の二酸化炭素のレベルが上がると、脳幹の呼吸中枢を刺激して、『胸膜をせばめ肺をつぎの息で満たすように』とのメッセージの発信のきっかけとなる。事前に決められていた基準からの逸脱は、この場合には修正される」

「新聞が先週報道していたが、実験室のネズミは食事時間がわかるそうだ」とアームブラスターが言った。「血流中に運ばれているエネルギーがある水準以下に落ちると、その情報が脳を刺激して、その動物に食欲を引きおこす化学物質を脳が生産する引き金となる。その化学物質はオレキシンという名前でよばれるが、これは〝飢え〟という意味のギリシャ語から来ている。この記事が私の興味を引いたのは、私の体重が手に負えなくなってきたからなのだが」

「私たちの身体にはたくさんの列をなしてネガティブ・フィードバック制御が張りめぐらされています」とハイラムは言った。「それが私たちの免疫、消化、代謝、筋肉、生殖、神経のシステム、自己修復の能力、世界を解釈する感覚――つまり身体機能全体の作用を規制するのを助けている。生物学者はいまでもネガティブ・フィードバックをつぎつぎに発見している。われわれが自覚していないだけのことだ」

「デカルトは〝我レ思ワズ、故ニ我レ在リ〟と言ったほうがよかったかもしれないね」とアームブラスターがくすくす笑いながら言った。

「意識して思う、無意識のうちに思う、全然思わない。そのどれもが〝我レ在リ〟という驚くべき事実に対して、責任を共有しているのよ」とケートが言った。

「生態系においてネガティブ・フィードバック制御は捕食者と餌食の間のバランスを回復する」とハイラムが言った。

「さて、みんなわかりきったことをむずかしく論じているぞ」とアームブラスターが言った。「ウサギの頭数が増えればキツネの頭数も増える。このことはわかっているよね。苦情を言うつもりではないが、経済について話をしたいものだ」

「わかりきったことのように見えるけれど、生態系フィードバックの複雑さを考えてみてくださいよ。メッセージは植物、動物のなかを、お互い関係のある動物のあいだを走りまわっている。それに対する対応が前に後ろにと走りめぐり、その対応自体がフィードバック情報として生態系に戻されていく。何という瞬発力、何という複雑さ、何という自己組織化だろう！　それから生態系がみずからに課す動的秩序を思いうかべ、われわれの身体がみずからに課す動的秩序が、われわれには親しみ深いはずなのにわれわれには知られていないことについて思いめぐらせてみよう。そうすれば、複雑な経済が自らに課す動的秩序を評価する助けになる」

ハイラムが一息入れると、ホーテンスがアームブラスターに向かって申し訳なさそうに微笑みながら、割って入った。「すっかりおなかが空いたわ。ずっと話しつづけで、もう昼すぎよ。ちょうどいい時間――」

「見て！」とケートが窓を指さした。熱中していて、だれも空が真っ暗になっているのに気がついていなかった。ケートがまだ窓を指さしているうちに、窓ががたがたと鳴り、稲妻が走り、雷鳴がとどろき、雲が裂けた。一言も発しないで、五人は跳びあがって、窓を閉めに走りまわった。ハイラムは賃借人の部屋まで見に行ったので、いちばん時間がかかった。戻るとすぐにハイラムはみんなに隣のダイニングルームに移るよう合図した。「こちらでピクニックしよう」と彼は言った。

ホーテンスはこのダイニングルームを間に合わせの書斎に使っていたので、急いでテーブルから本や書類を除け、それらを部屋の隅の床にきちんと積み上げた。アームブラスターは壁下の幅木にコンセントを見つけ、テープレコーダーのプラグを差し込んだ。マレーは棚からテーブルクロスを出してしつらえ、台所からピクニック用バスケットを二つと魔法瓶をひとつとってきた。ケートはバスケットを開け、紙の皿二枚にサンドウィッチを積みあげた。ハイラムは紙コップを見つけ、レモネードを注ぎ、ピクルスの入った瓶を開けた。ホーテンスはろうそくを食卓に置きながら言った。

「嵐で停電したことにしましょう」

ライ麦パンのコンビーフ・クレソン・サンドウィッチを頬ばりながらアームブラスターはハイラムに言った。「貨幣フィードバックの話に入るところだったのだろう、たしか」

ハイラムは頷いた。そして、ためらいがちにフォークにとったポテト・サラダを置いた。「アダム・スミスは、一七七六年のことですが、財の価格と賃金率とをフィードバック情報として認めた。もちろん彼は、それをフィードバック情報という言葉ではよばなかった。フィードバックという言葉は、当時の語彙にはなかったのです。しかしスミスは、それが何であるかを理解していた。彼は価格が供給と需要とのアンバランスをどのようにして自動的に修正するかを分析した。それは供給の分布に影響をおよぼす――そのことはとっくに知られていた――だけでなく、生産の変化を誘発することによって需給のアンバランスをより良いバランスに変えることを見いだした。彼らしく控えめながら、スミスは自分が驚嘆すべき秩序形態を発見したことに、あきらかに興奮を覚えた。それも当然だ。ネガティブ・フィードバック制御の原理を把握する点で、彼は博物学者よりはるかに先行していた。機械設計者ですら自分たちが扱っているのが――」

「貨幣のテーマにとどまってほしいんだが」とアームブラスターが言った。「機械設計者に何の関係がある?」

「おー、多くの機械にはネガティブ・フィードバック制御が組み込まれている。サーモスタットは温度を記録し、フィードバックして熱源による修正対応を引きだす。もっと昔の例として弾み車をとると――」。アームブラスターのしかめっ面に気づき、これをフィードバック情報と受け取って、ハイラムはすばやく話の本筋に立ちもどった。「面白いと思うが、スミスはネガティブな経済フィードバック制御を市場を秩序立てる〝見えざる手〟としてイメージした。約二世紀後、ウィーナーはフィードバックを舵に手をかけた状態としてイメージしている」。ハイラムはフォークに手を伸ばし、考えなおして皿を押しやった。

「ハイラム、とって食べなさい」とマレーが言った。「このテーマなら私が話せるよ。アダム・スミスは供給不足の品については価格が上昇し、需要の少ない財の価格は下落することを見抜いていた」

「メーカーの過剰在庫品に安売り価格を付けて販売店が広告するような具合ね」とホーテンスが言った。

「そういうのがフィードバックだよ。さて、それが引き起こす修正としては」とマレーはつづけた。「スミスは財の高価格がその生産増大を刺激し、低価格が生産を抑制することも見てとった。供給を需要に自動的により密接に対応させるわけだ。スミスは、この洞察を経済生活の財生産以外の側面にも応用した。たとえば労働需要が高い時・所では賃金が上昇し、労働需要が低い時・所では下落する。これが移民が可能なところでは移民に影響を与え、また職業選択が可能であれば労働者の職業選択にも影響する。資本への需要が高い時・所では、利子率が上昇し、資本を引きつける。

こうした絶えざる調整が——産業、労働、顧客、地主、資本によって行われることによって——無数のちっぽけな機会と自分たちの利益だけを追求する無数の異なった企業と個人との不安定で未調整の混乱した集合から、自己組織化する秩序をつくりだすのだ。スミスは今日われわれが自己組織化とよぶ現象を認め、階層なしに組織された動的システムでのその動きを例証する点でも、時代に先んじていた。

スミスは、その同時代の人々同様、世界とその動き方については多くの素朴で曖昧な誤った考えにとらわれていた。それにもかかわらず、彼のこれらの洞察によって、一七七六年に経済学は科学的研究の最前線に立つことになった。初期の生態学者が自分たちの発見を説明するのに経済学を頼りとしたのは不思議ではない。

不幸なことに、経済学は科学としてさらには発展できなかった。経済学はいま言った唯一の堅固な概念をしっかりと保持し、経済学者、経済哲学者はその説明に力を入れすぎた。彼らは供給が需要を生むのか需要が供給を生むのかという不毛な議論にこだわりつづけた。この論争はまだつづいている。

すでに見たように、多様性が経済の拡大を生む。地域の輸入を多重的に再利用することによって。これは原則的には、生物の多様性が、エネルギーが導管を去る前にそれを多重的に再利用することで、バイオマスの拡大を生むのと同じだ。経済の場合も多様性と拡大とが経験上密接に結びついていることは、スミスの時代には観察可能であり、それ以後も観察可能だった。しかしこの結びつきは、需要が供給に先立つのかその逆なのかという問題に取りつかれた経済学者には、注意されなかった。この盲点には、スミス自身も一部責任がある。スミスは地域や国家の経済的特化のほうが多様化よりも効率が高いと論じて、自分自身と他の人々を誤らせた。スミスの誤りは分業についての仮定と推論に間違いがあったことによる。

今日に至るまで、複雑だが秩序ある過程としての活力再補給にはいかなる注意も払われていない。やっと二〇世紀半ばになって経済学の諸学派は技術革新――発展――に探求の価値があることを認めるところまできた。それでも当時は奇矯で限界的な副次的問題としてしか考えられていなかった。今日にあっても、発展と共発展のシステムとしての作用には、役に立つほどの注意は払われていない。残念ながら、この知的退嬰がもたらしたものはまったくひどいものだった――」。マレーの声はかすれていった。

「なぜひどかったのだい?」とアームブラスターが訊いた。「説明をつづけて」

「スミス以後の理論家はさらに深く現実にかかわることをせず、自分の頭脳の中に引きこもってしまった。観察可能で関連する多くの事実が、はっきり目の届く周囲に転がっていた。スミスの洞察を、方向指示の矢印のようにまっすぐに、発展と分岐の主題に向けるのを、準備万端整えて待っていた。高価格が供給不足の財の代替を促進する――すなわち、以前には存在していなかった財の生産を促進することは、だれの目にもすぐ見てとれただろう。一五世紀のヨーロッパでは、書物に対する需要は個々に筆写した書物の供給を超えていた。この不均衡が移動活字による印刷を経済的に実現可能にした。印刷本は筆写より数が多かっただけでなく、寒く薄暗い屋根裏で腹を空かした貧乏書生がこつこつ筆写した本よりも安価だった。

あるいは金属メッキを取り上げてみよう。これはスミスの時代より以前においても重要な産業上の進歩だったし、それ以後も引きつづき多くの変化が起きたことで注目される。その端緒となったロンドンの技術革新は純銀の食卓ナイフの柄の安価な代用品だった。印刷でもメッキでも――その他多くの場合でも――不釣り合いな供給と需要は発展によってのみ均衡するようになる」

「でも忘れないで。こうした発展は共発展なしには企てられなかったのよ」とケートが言った。

「そのとおりだ。ありがとう、ケート。スミスの洞察を追求していくと、クモの巣型の共発展を高く評価することにまっすぐに導かれただろうし、それだけに経済特化には深刻な懐疑を投げかけることにもなっただろう――そしてまた独占のほうが効率的だと考えることや、意図的に特化した経済をつくりだすような帝国主義的権力装置についても、疑いの目を向けることになっただろう。これらは世界のさまざまな経済と、それに依存している国民に多くの害をなした。

活力再補給については、たとえばロンドンでは従来の輸入の置き換えが巨大な爆発力で生じた。他のヨーロッパの都市についても同じだ。これらの置き換えの多くは――〝多くは〟であって〝すべては〟ではないが――市場から離れてではなく市場の近くに立地することでコストが低下したために生じた。スミスの洞察は、依存的で不活発な経済もあれば、多様化によって自己生成的となった経済もあるのはなぜか、その理由の解明に導く可能性をもっていた。

これらの探求をしておれば、経済はいかに機能すべきか、いかに機能できるか、どのように操作すればあるべきように、または可能なように機能させられるか、についての理論よりも実り多かっただろう。――いかに機能すべきか、機能できるかではなく、いかに機能するかを学ぶべきだった。何という無駄なことをしたものか。

でも、ネガティブなフィードバックの制御に関するかぎり、スミスはすばらしかった。スミスは、フィードバックの良さがその状況把握の正確さによることを自覚していた。スミスは、価格を操る企業合同は供給と需要についての現実を偽るものだと認定した。偽りの情報が、スミスが観察し叙述しているシステムに混乱を投ずるのを見ていたのだよ」

ハイラムは食事を終えて言った。「お父さん、食事の番だよ。話を継ぐね。フィードバックが正しいか、偽りか、どちらともつかず曖昧か、それらになるのはどうしてだろうか。ネガティブなフィードバック制御がいちばん信頼できるのは、データが報じられたときに、データの趣旨と、修正対応とが機能的に統合されていて、情報を誤解したり、誤った対応を引き起こす可能性がない場合だ。

プログラムされたフィードバック制御の完璧な例としては、社会的生活を営む昆虫の集団をみるのが最適だ。たとえばシロアリの巣は、異なった階級のあいだにバランスのとれた割合を維持している。彼らはみないずれも同じ女王から正確に同じ遺伝子をもって生まれてくる。それでも成虫はそれが果たす機能によって体が大きく異なっている。幼虫の保育室がそのような差の決定される場所だ。巣における各階級の現存数についての報告がフィードバックされ、化学物質が降り注ぎ、幼虫の中で活性化される。たとえば、巣で兵士役を務めるシロアリは、兵士に特徴的なフェロモンを放つ。巣の中のその香りが一定水準を下回れば、兵士の割合が正常以下になっている。この報告の趣旨を誤解することはありえない。そこで化学物質が降ってきて自動的に保育室がより多くの兵士役を供給するようになる。その対応に――あるいは対応の中止に――間違いが生ずる余地はない。新しく兵士がつくられると、フェロモンのフィードバックは『兵士は十分だ』との報告を送る。要するに、データ、その意味、データに対する適切な対応、このすべてが完全に統合されている。たいていのネガティブ・フィードバックの制御は、われわれの体内で作用しているものも含めて、似たような完成度の統合に達している」

「あまり博物学に回り道してほしくはないがね」とアームブラスターは言った。「ただし指摘しておくべきなのは、ハイラム、自然のフィードバックの報告は偽りでありうるし、その嘘は損害をもたらすということだ。真冬に暖かい日がつづくことは、知られていないでもない。しかし、植物がその気温データを春が来たと受け取るなら、その植物はつぼみのままで枯れてしまう」

「それは、データとその趣旨が統合されていない場合のいい例だ」とハイラムは言った。「しかし驚きかつ感謝すべきことに、野生植物はめったに騙されない。多種類のレポートに反応できることが身を守る。気温データが日長データと矛盾するなら、気温データは怪しまれる」

「植物が賢くて多種類のメッセージを考慮できるなら、私たちも機敏でなければね」とケートが言った。「交通混雑の意味は、論理的には、道路増設や道路幅拡張が必要だともとれるし、人と財の輸送を自動車とトラックに依存しすぎているともとれる。そうでしたわね。しかし、多種多様のメッセージは結局、道路増設や道路幅拡張が混雑を解消しないということに落ちついているのよ――それなのに、それで問題解決が可能であるかのように私たちは行動しつづけている。だから、そのあとに明確になったことに注意を払わないことを棚に上げて、フィードバックがはじめ曖昧だったことを責めても意味がないわ」

「またまた厄介な悪循環にさまよいこまないで」とアームブラスターは言った。「価格フィードバックについてもっと話してくれないか」

「価格フィードバックは本来的によく統合されている」とハイラムが言った。「いい加減ではないし、曖昧でもない。スミスが認知していたように、データは供給と需要のアンバランスについて意味のある情報を伝え、それが自動的に修正対応を引き起こす。そのようにデータと意味と対応はすべて一致している。しかし――これは非常に重大な〝しかし〟だが――データそれ自身、つまり価格は偽りであることがある。そしてもちろん、そのことは本来的な統合を無価値にしてしまう――狂わせてしまう」

「コストは価格の重要な構成要素だ」とマレーが口をはさんだ。「コストはごまかされる。そしたら、価格もごまかされてしまう」

「そう、補助金は価格とコストの両方を偽る」とハイラムが言った。「先についでに言っておいたように、この種の嘘は発展を歪める」

「僧院が筆写原稿に多額の補助金を出していたので、印刷が経済的に失敗だった場合のようにね」とホーテンスが言った。「そんなことは実際には起きていないから、馬鹿げた例だと思うけど――」

「原理的には馬鹿げていないよ」とハイラムが言った。「補助金に加え、コストや価格を偽るほかの方法もある。租税は重要なコストだ。租税政策はある種の投資や生産を優遇し、それ以外のものにペナルティーを与える。関税も価格を偽る。それが関税の目的だ。投機的バブルも希望的観測を与えて価格を偽らせる。だから、バブル価格はもっと堅実な現実がそれに追いついてくると崩壊する。リベートや賄賂も正しいコストを偽る。

ソビエト経済のおかしなところは、たいていの生産やサービスのコストがわからなかったということだ。本当にわからなかった。工場、事務所、農場、鉱山、病院、劇場、そのほか何でもかまわないが――それらの管理者は、生産コストを文字どおり知っていなかった。予算はあった。確かだ——支出の配分は決まっていた。でも、それらは補助金の混入によって混乱しており、実際のコストとほとんど、あるいはまったく無関係になっていた。原価計算はとにかく重要でなかった。というのは、価格は法令によって固定されていたからね。フィードバック制御は経済生活から一掃されていた。例外は闇市だけで、そこではフィードバック制御が抑圧されずに跳びはねていた」

「コストと価格を偽るものでいちばん広がりやすくてしつこいのは、それが制度的に課せられた場合だ」。ハイラムはつづけた。「政治的・社会的制度の他の目的が価格やコストの正確さよりも優先される。ソビエト経済システムはこうした制度的傾向の極端な事例だ」

「しかしソビエト・ロシア以後これを受け継いだ経済は、まったくちがった理由からだが、ソビエト時代と同様に、コストや価格について無頓着だ」とマレーが言った。「政治システムを変えても価格フィードバック制御は戻らなかった。ロシア企業はいまだに原価計算を無視している。国民はどうすべきかわからないし、学習しているようにも見えない。原価計算が、良い経営か悪い経営かを示す装置として重要であることが理解されていないのだよ。仲間内優遇主義と強腕で設立した独占体は、強奪と腐敗をはびこらせ、ともかく実際のコストを偽る。略奪的企業家は、価格、品質、サービスについて競争するよりも、競争者を抹殺することを好む。もっと胸が悪くなるのは、経済的混乱と恐るべき貧窮とが、母なるロシアへの感傷的愛着と混じり合っていることだ。農民コミューンの単純な美徳に回帰すれば、母なるロシアが善良な子どもたちの面倒を見てくれるというわけだ。聞いたところでは、ウクライナ経済はもっとガタガタだそうだ。これらの経済は、何をどこでいかに生産するかについて、絶えず微妙な、自動的な修正が行われているというにはほど遠い」

「制度的な価格歪曲の話はまだつづく」とハイラムが言った。「もうひとつの例がある。一国の通貨の相対価値の上昇・下落は、理論的には、国際貿易に有益な修正フィードバックを起こすはずだ。通貨価値が下落すると安く輸出でき、輸入は高価になる。これはこの国の輸出を刺激し、輸入の置き換えを促進する——まさに通貨価値の下落こそ、これらの貿易不均衡の修正が必要なことを告げるものなのだ。しかし輸入代替をめぐる大騒ぎがよく示しているように、この修正は特定立地に限られる。小国——実際には、都市国家——以外では、一国の通貨は、多くの異なった地方が集まって国となっており、その貿易の必要性や可能性は地域ごとに異なっていることを曖昧にする。そのうえ、一国の通貨は国内の地域間取引の不均衡にはいかなるフィードバック機能も及ぼさない。固定相場も通貨投機も、さらに混乱をもたらす。

要するに、スミスの市場の〝見えざる手〟は多くの深刻な障害の下で作動している。それでもなお、それはじゃまされていないところでは自動的に、疲れを知らずに作動する」

マレーは、食事をつまみ食いしただけで、突然言った。「リビングルームに移ろう。あちらの椅子のほうが座りやすい」。雨はやみ、日が戻っていた。しかし戸外では、すべてのものが水浸しとなり、しずくを垂れていた。一同はリビングルームへと行列して進んだ。アームブラスターはテープレコーダーをかかえていた。

コーヒーと果物を済ませると、アームブラスターが言った。「いままでは私は、ネガティブ・フィードバック制御について悪い話もしっかりと聴く気になった。これまで話のあった短所は、この安定装置それ自体の欠点ではなく、人々がデータをだめにした結果だ。これからは、ネガティブ・フィードバック自体が具合悪くなるのか、教えてほしい」

「その通常の主たる長所は、信頼でき、ロボットみたいな性質をもっていることだ。でも、この長所が時に主たる欠点にもなる」とハイラムは言った。「しかし、たいていの場合は進化が欠点を克服する。呼吸の例がここでも役に立ちます。水に落ちたらどうなるでしょう？　自動的に呼吸反応するしかないとしたら、そのロボットとしての信頼性が高いことがあなたを殺すことになる。しかし、脳の別の部分が、脳幹が横隔膜に発する命令を取り消すことができる――横隔膜に『息を詰めろ』と命令ができる。このようにロボットに楯突くことは、人間の身体については、長続きしない。しかし短くても、楯突く能力があるかどうかは生死にかかわる。さらに、他の目的を達成するためにも、いつも呼吸制御に従うわけではない。呼吸しながら食物を飲み込むと、むせる。そこでロボットの操舵手に何とかしてもらう。裁量制御がまったくできないなら、話し、歌い、ろうそくを吹き消すこともできはしない。

アームブラスター、あなたは体重をコントロールすることができないと言われましたが、あなたの中のロボットが〝十分食べた〟と告げているのに、脳の他の部分は〝やめないで〟と言っているのですよ。クッキーの瓶に手をつっこんでいるところを捕まったような顔をしないで！　機会に応じてたらふく食べることができるのは有用だ。つぎにいつ食事にありつけるかわからないときにはね――われわれの遠い祖先、そしてそれほど遠くない祖先についても、こういう状態はあたりまえのことだったでしょう」

「動物も裁量することができるわ」とケートは言った。「ウサギがおなかを空かしていて、脳はオレキシンで満たされていても、タカに気づく。飛び跳ねたりかじったりするのはやめ、危険をやりすごすまでじっとしている。多分、恐怖が食欲を失わせるのよ。でもともかく――」

「ともかく、特別の脅威はいつもの手続きから離れ、その状況に適した特別の対応を必要とする」とハイラムはケートの考えを締めくくった。

「それなら、動的システムはいつもの行動が安定的な効果をもつ場合はそこから利益を得るし、それが適切でなくなった場合は柔軟な対応から利益を得る仕組みだといえば、それですむのではないのかね?」とアームブラスターが質問した。

「漠然としすぎているよ」とハイラムは言った。「ウサギがタカの目を逃れようとしてじっとする代わりに、身を隠すための穴を一心不乱で掘りはじめたとしてみよう。これも立派に柔軟な対応といえるかもしれない。でも、大きな間違いだよ!

いま話題にしているのは一時的不安定性に対する緊急適応だ――修正の四番目の範疇にあたる。この分類には、残りの偶発的対応がすべて含まれるのではない。はじめはそう見えるかもしれないけれど。一時的にすぎないけれども破壊的な不安定性が問題だ。ここでも進化が、多くのそうした崩壊の脅威に対する解答を用意している。たとえば、温帯の生態系では、冬眠する生物もある。繭を紡ぐものもある。落葉するものもある、等々だ——それらはすべて冬に対する適応だよ」

「でも、それらは正常なライフサイクルの正常な部分だわ」とケートが言った。

「そのとおり。でも、それらは季節ごとにめぐってくる恐ろしい脅威を出しぬこうという適応だ。さらに、非正常な変化は非正常な脅威をもたらす。長引く旱魃、ハリケーン、異常な洪水、雨が地表に凍りつく暴風雨、立てつづけの落雷による火事、植物・動物の病気、抑制にあたるべき天敵がいない外来の種の地域への侵入などがその例だ。異常な変化は生態系の生物のあいだにいちじるしい生存率格差をもたらす。適応能力のある生物がいちばんよい結果を残すのは言うまでもない」

「これは自分でもやや空想的すぎるかなと思うが」とハイラムはつづけた。「季節循環と通常の景気循環を類比することもできる。両者はともに予想できる——景気循環は地域が活力再補給を受け、多様化し、拡大する際のスピードが不規則であるために、予想は簡単ではないかもしれない。それでも景気循環は冬と同じく、これまで何度も繰り返し起きているので、予期することはできる。景気循環は厳しいが、経済はそれにまあまあうまく適応している——失業保険、破綻企業・個人を債権者から一時保護する措置、国民の年金や貯蓄を守る措置、福祉援助、慈善的援助など、可能なかぎり前もって準備することも適応を助けている。

しかし大不況や戦争となると別問題だ。大不況や戦争は経済だけでなく国家をも脅かす。さらに予測もできない。このために、迅速かつ非常時の適応が必要になる。私が戦争や不況を軽視していると受け取られたくはないが、これらの事態が要求する対策は――機敏で即応的なものでなければならないが――性質としては、土砂降りのため私たちが昼食の計画を急に変更せざるをえなくなったときに必要な対応と同じ範疇に属する」

「あなたは類型を論じているのね」とケートが言った。

「そう。状況が必要とすると思えることは何でも試してみる。うまく作用しそうなら、採用する。人は事前に熟慮していない行動に飛び込む。予算に計上されていない資金が使われる。物資は配給になる。価格は固定される。事業や計画の中には無遠慮に中止されるものもあれば、急いで受理されるものもある。こうしたことすべてを行ってなお十分といえなければ、そのシステムは崩壊する。

われわれの身体は伝染病の猛攻と闘うため非常緊急の措置を発動する。発熱もその例だ。異常な高熱は、長くつづけば命にかかわることもある。免疫システムのキラー細胞は急速に数百万にまで増え、感染した生物と闘う。緊急事態に対処するために病人が結集できるすべての力が必要とされる場合には、他の生活課題は当面あっさりと放棄される。しかし健全な生物は、危機を乗り越えて生き残ったあと、高熱を発したままでいるとか、感覚的快楽や生活の悩みへの興味を放棄したままでいることはない」

「危機の行動は危機のとき以外では有害よ」とケートは言った。「たとえば、苦痛が大きく障害をともなう慢性関節炎のような自己免疫疾患では、キラー細胞は有害な侵入者と〝自己〟の区別ができない。攻撃の理由がなくても攻撃する。少なくとも、それが現代の理論だわ」

「アームブラスター、過食は不確実性に対する有益な適応だと言ったのを覚えておいでですか?」とハイラムが言った。「もはや必要でなくなったのに適応だけが残っているとしたら、時代錯誤だ。時代錯誤の適応は非常、緊急の適応に際しての隠された落とし穴になる。非常事態を理由としてある場合には認められる独占が、時代錯誤にも居座って足手まといとなり、無益なものとなる。農場補助金は大恐慌下の農家を救うため一九三〇年代に制度化された。以後、恒久化し膨張した時代遅れの制度として、皮肉にも小規模家族農業を虐げ、大規模の工場的農場を不当に優遇した。ニューヨーク市は第二次大戦中の民間建設中止後に導入された家賃統制を放棄できなかった。時代遅れの制度として家賃統制は皮肉にも建設を抑止した。軍需工業はもちろん戦時中に栄えた。それが時代錯誤にも膨張したまま残るとすれば、生産者は戦争、武器密輸商人、攻撃用銃器、銃弾の民間顧客をも求めるようになる」

マレーが話しはじめた。「大恐慌のときはイギリスの経済学者ジョン・メイナード・ケインズが、銀行信用が使い果たされたら政府が投資計画を遂行することで補塡すること、また移転支払いによって個人の購買力不足を補うことを提案した。ケインズは需要サイドを重視した経済学者だ。というのは、需要が供給を導いて経済活動と経済拡大を生みだすと信じていたのだ。彼のアイデアでは政府は困難な時期には赤字財政を用い、良い時期には赤字削減、黒字予算を用いて、経済の不安定性を政府が均《なら》すことも可能だとされた。つまり、彼は新しいネガティブ・フィードバック制御を考案しようとしていたのだ。それによって航路に沿った航海ができるようにしようというわけだ。多くの政府が不況期に赤字財政を採用した。しかしその後、時代錯誤にも好不況にかかわらず赤字財政を手放さず、今日午前に言った手に負えない負債の悪循環をつくりだしてしまったのだ」

「そして景気循環は失業をともなって繰り返されている。これまで以上に神秘的に」とハイラムが言った。「ケインズの処方で景気循環を消去しようと努力が積み重ねられてきたにもかかわらずね。結局、ケインズ自身は重い心をいだいてイギリスの経済的衰退を観察し、経済は深い〝構造的〟欠陥に陥っている可能性もあると思索した。構造的欠陥とは金融、財政、租税の操作では修正がきかないという意味だ。

もちろん、集団が発展せず、多様化せず、活力自己再補給もしていない経済は、経済的欠陥を背負っている。発展し、多様化し、再活性化する集団なしにはこのような欠陥は救えない。マレー、あなたのお考えでは――」

ハイラムは沈黙した。マレーは頭を手のひらに載せて安楽椅子で眠っており、軽くいびきをかきはじめていた。

「彼はいつも昼寝をするんだ」とハイラムが囁いた。

「起こさないで」とホーテンスは低い声で言った。彼女はダイニングルームを指さし、忍び足でそちらに向かった。ほかの人々もこれにつづいた。アームブラスターはテープレコーダーをコンセントから外し、機械を持ち運びながら、静かにドアを閉めた。

第6章　適者生存の二重の法則

「さて、どうしようか？」とアームブラスターはたずねた。「マレー抜きでやろうか、それとも休憩にしようか？」

「ケートが何か言いたいことがあるって言っていたわ」とホーテンスは言った。

許しや同意を待たずして、ケートはホーテンスがくれたそのきっかけをとらえた。

「生態系での生存への適応について考えていたのよ。我慢してね、アームブラスター。だってこれは経済生活に関係があるのだから。自然淘汰で決められる生存への適応とは、生物が食べたり、産んだりする競争に勝つことを意味する。それに生物は自身の生息地を破壊から防ぐ形質をもたなければならない。なぜなら生物がどうしても必要とするのはそこで食べ、産み、そして競争する場ですもの」

「この観点で」と彼女はつづけた。「ネコ科の大型肉食獣を考えてみて。彼らがその気になれば、餌食をすべて一掃できる。でもそうすれば自分が飢え死にしてしまう。

一度に一頭か二頭のガゼルで彼らには十分なの。前に人の住まなくなったアパートに飼いネコを連れていった。そこにはほんのわずかな食べ物が残っていた。みなさんのご期待どおり、ネズミがはびこっていた。冷蔵庫の中にもいたわ。驚いたことに、冷凍庫をのぞいたらネズミは角氷を越えて駆けまわり、冷凍食品をかじっていた。食器棚を開けておどしたら、ネズミはいたるところを走りまわった。連れていったネコは食事を済ませお腹は空いていなかったけれど、美味しそうにネズミに飛びかかった。その間でも、三匹捕まえただけでネコはその日の残りを日の当たる窓台でつぶした。その間私は食べ物をゴミ袋に開け、掃除をし、そして罠をかけた。

多くの野生のネコ科肉食獣は飼いネコと同じような特徴をもっているのよ。わかる範囲では、やたらに殺生しないのは慎重だからではない。観察したところでは、不必要に奮闘する代わりにのらりくらりして日向ぼっこをするのが性質のようよ。

ゾウは食べてさまよいながら見事な刈り跡を根こそぎにし、ドシンドシンと歩く。ゾウがその気なら、自分の生息地を砂漠——自身に不便な状態——へと変えることもできるはずよ。けれども、ゾウは他の暇つぶしに引き寄せられる。たとえば川で遊んだり、自分や群れの仲間に水を浴びせたり、そして土地を社交的にぐるぐる回ったり、見たところではほかの仲間といっしょにいることに興味と満足を見つけるなどしているわ。

ボノボは近ごろ有名な霊長類で、生存しているヒトに最も近い種二つのうちのひとつよ。生殖にまったく関係のないセックスプレイに時間と精力を費やすことで有名よ——いや悪名高いわ。私たちの別の近縁種であるチンパンジーは、自分たちの生息地でエサあさりせず、ゆっくりと休んでいるときにはお互いの毛づくろいをするのが好きなの。それは仕事虫の子守りや、めちゃくちゃな美容師のようよ。同じことがつぎからつぎへとつづく。カワウソは水の滑走面で遊び、アライグマはいっしょにじゃれて転がりまわる――進化は、彼らに手に入れられる魚すべてを捕まえ、その生息地を取り壊す代わりに別にすることを授けたのだわ」

「牙と爪を血に染めた自然からは一休みというわけだ」とアームブラスターは言った。

「アミキリは休みなしに殺すというのを聞いたことがあるわ」とホーテンスが言った。

「でも、もちろん海は広いので、そんなことで破壊されはしないでしょうけど」

ハイラムは懐疑的な様子だった。「あなたが話したそうした特質は、単に競争的な自然淘汰を高めているだけなのかもしれない」とハイラムは言った。「ネコ科の大型肉食獣は怠けることで消化を助けているのかもしれないし、緊張した筋肉をほぐしているのかもしれない。ゾウは冷やさなければならない。そうしないと自分の体温の熱で死んでしまう。ボノボとチンパンジーは戯れることで、群れの社会組織を維持している。カワウソとアライグマの遊びは、警戒を怠らず体調をととのえているのかもしれない」

「器官なり行動の型は同時にいくつもの目的にかなうことが多いのよ」とケートが言った。

「アリとミツバチはどうかしら？」とホーテンスはたずねた。「働きアリ、働きバチはただただ忙しい。自分のための小休止はない——卵を産む工場、女王アリ、女王バチにもない」

「ミツバチとアリの勤勉さは生息地の改善であり、生息地の破壊ではないわ」とケートが言った。

「私たちの腸の中の有用バクテリアと細胞の中のバクテリアの共生子孫について同じことがいえる。一方、その宿主を絶滅させるバクテリアは——ちがった宿主に感染させる機会をもつ前に——それ自体絶滅する」

「でも概して」とハイラムは言った。「進化は致死バクテリアの宿主のいくつかに突然変異を起こし、バクテリアを単に弱らせ、あるいは無害にさえする。そしてそうしたものが、生存しつづけ増殖する宿主だよね」

「最も成功している捕食者は、大小にかかわらず、自分の生息地で共生者になるように次第に変化するものだわ」とケートは言った。

「植物はどうだろう？」とアームブラスターがたずねた。「ツル植物はすべてを覆うことができるよ——クズのように、アジアからはぐれでて、いまはアラバマの森全体を覆っている。こうした生息地では、クズはこのうえなく永遠に勢力をふるう。人類がこれを支配下に置かなければね」

「いいえ、クズにはそれはできないわ」とケートが言った。「いまは繁殖しているように見えても、クズはそこで適応賞を獲得したように見える、まさにそうした生息地を破壊しているわ。土壌にはすでに多様な肥沃さが蓄積されており、それに頼ってクズは生きつづけている。これは、クズはむき出しの岩や不毛の泥土では成長しないという事実からはっきりわかることよ。すべての植物、同じようにすべての動物は他の生物の集団が必要なの。どんな種類の植物でも、岩や土壌から植物が必要とするすべてのものを取りだせはしない。ごくわずかな量の微量元素を含めてね」

「言い換えると、君はアラバマの低木地や森にあるクズは悪循環の罠に落ちていると言いたいのだ」とアームブラスターは言った。「他の植物を押さえつけてクズが繁殖すればするほど、クズは土壌のなかに前もって蓄積されていた源にますます頼らざるをえなくなる。ほかの植物に残すものは減っていき、最後には源は尽きてしまう。それといっしょにクズも」

「進化によってクズがその生息地、そしてそれゆえにクズ自身にとって、より致命的ではないようにならないかぎりはね」とハイラムは言った。

「自然淘汰による適者生存には表と裏の二面がある。そう提唱したいわ」とケートは言った。「この二つはどちらも同じように重要よ。ひとつは採食と繁殖での競争の結果もたらされるものだわ。これは従来の進化論によれば適者生存の自然淘汰を説明している。現代の進化論者はこの概念に運、不運といった偶然性を加える。適者を繁殖での成功者と定義する理論の極端なものが〝利己的遺伝子〟説よ――遺伝子は生存したり繁殖する競争衝動に突き動かされており、その遺伝子をもつ生物は遺伝子の繁殖を促進するための媒体にすぎないという見方なの。

この見方はあまりにも単純すぎると思うわ。ダーウィン自身が成功を競争での成功だけに限定して狭く考えたことも同様に単純すぎる。この見方は、生息地の維持に成功することが進化の過程で重要なことを考慮していないわ。競争することと競争する場を保つことの両方が必要なのよ。自然淘汰による適者生存にはこの両面があり、それは調和しながら作用していかなければならない。どちらも他を害することはできない。その罰が生存への不適応だわ」

「ちょっと待ってくれないか」とアームブラスターは言った。「ハイラムが言ったように、とても致命的で他を感染させる前に自身の宿主を破壊するバクテリアに対するひとつの解決策は、その宿主のあるものが抵抗力をつけたり、不釣り合いに数を増やすことだ。でもそれは、バクテリアが自滅する可能性を内部的に阻止するものではないだろう」

「宿主の抵抗はまったくの外的な阻止だわ」とケートは答えた。「バクテリア自身がなおさら致命的になる潜在力をもっているのでないとすれば、ね。軍拡競争をやめたら、バクテリアは勝利するのに」

「そこで、生息地を保護するという特性は軍拡競争での敗北のように見えるし、つまらない役に立たないもののようだし、あるいはライオンの場合ではまったくの怠惰のようだ。しかし、こうした特性は、ある種が生存に適した生息地を維持するのを手助けするのであれば、進化の重要な資産になると君は主張しているんだね。ちょっと考えると自明のようだ。成功にうぬぼれて絶滅する――そういうこともありうるよね？」アームブラスターは考え込んだ。「大恐竜を打ち倒したのはまさにそれではなかったか。一方で小恐竜は、われわれ自身の祖先を含む多くのパッとしない哺乳類といっしょにどうにか生存して、鳥の祖先になった。ところで、生息地を維持するような適応は、適者生存による自然淘汰の理論の主要なテーマではどうしてないのだろうか？」

「その理由はわかる気がするわ」とホーテンスが言った。「人類が理論をつくるからよ。ダーウィンが生きたのは帝国建設の全盛期のイギリスよ。その時代の社会は軍隊の徳、男らしい勇敢さ、征服、そして階層性の威信を理想的なものと考えていた。それがダーウィンの責任だと言うわけじゃないの。明らかに責任じゃないわ。でも、ダーウィンの社会的背景がその理論に影響を与えたと言いたいのよ。たとえば、ダーウィンは兵士が自分の命を犠牲にするのをいとわない気持ちを利他主義だとしてとらえているわ。それが解決することのできない進化論上の難問を課すことになっているのよ。遺伝子は集団によってではなく個人によって伝えられる。ところが、ダーウィン流の利他主義を欠いている個人は、闘争を避けるので不均衡に増えることになるわ。だから、ダーウィンのように、もし利他主義の根源あるいはその極端な表現を兵役に求めるのであれば、利他主義は増殖に成功するには適切でない特質であることをはっきりと表わしている」

「ダーウィンはそれには気がついていた」とハイラムは言った。「ダーウィンは解決できない謎としてそれに注意を求めた。ネオダーウィニズム進化論者、進化心理学者は利他主義の謎をまだ解明しつづけている。彼らの用いるゲーム理論では利他主義は自己の利益になることが示される。また彼らの数学的論証によれば、兄弟、従兄弟の中に存在する自分と密接に関係のある（父母・祖父母から受け継いだ共通の）遺伝子の生存を助けることで、利己的遺伝子は自分自身の進化的利益を促進することが示されている」

「ダーウィンは気づいているようには見えなかった」とホーテンスが言った。「まさにダーウィンの生きた社会では至るところで、子どもを産む女性が戦争へ行くのと同じような状態に置かれていて、何度も何度も犠牲を繰り返していたということをね。しばしば究極の犠牲を強いられていたわ——自分自身の命よ。利他主義の極端な表現である自己犠牲が出産の中に見つかるとすると、利他主義は進化論の謎だなんてことはなくなるわ。その形質を所有している個人が不均衡に増殖するということよ。すべての難問は消滅し、何も問題は残らないわ」

ほかの三人は驚いてホーテンスを見た。

「いやあ、フェミニスト的進化論だ!」とハイラムは言った。

「ちがうわ、ただの普通のまともな進化論だわ」とホーテンスが言った。「独特なのは男権主義者的進化論に歪められていないという点だけよ」

「でも、男性も利他的だけどね」とアームブラスターは言った。「どう説明するかね?」

「子どもは両親の性質を受け継ぐわ」とホーテンスは言った。「私たちの種では男女は違っているよりは似ている。男性になぜ乳首があるかというのと同じ質問ね」

「私が追いもとめているのは」とケートは言った。「私たちの種は生息地破壊を抑制する生まれつきの形質をもっているのかどうかという疑問よ。一方では、人間以外の自然への私たちの破壊的な影響をクズと同じだと考えるのはもっともらしく思えるわ――クズが蓄積された環境の豊かさを覆い、略奪して荒らすことと、私たち自身がいつかは劣化と破壊をもたらすことと」

「あなたは、私たちが生活し子孫を増やすのに成功することが、私たち自身が自分たちの生息地、この地球を無思慮に破壊する運命になると言っているのね?」とホーテンスはたずねた。「まあ、厭世的エコロジストがもうひとりというところね」

「何もそんなことを言っているのではないわ」とケートは言った。「人々が住み、変わるけれど、破壊されていない居住地もあるわ。自分自身に問うてみて、『なぜ人々は破壊しないのか?』と。何といっても、人々は生息地を破壊しえたのかもしれないのよ。人々は長い長いあいだ有能で強力な破壊者だった。私たちの種が火の使い方を知り、そしてまた効果的な狩猟武器、狩猟道具を発明するや否や、この種は環境を破壊する効果的な手段を手に入れた――目的もなく無思慮にも環境を破壊したり、環境を利用しようとして破壊したりしている。そうしたことが起こりえたというのは、わかるわね。だって、ちょくちょく本当に起こったことだもの。最悪の例は燃料収集者による広範囲に及ぶ森林伐採だったようよ。つづいて浸食、洪水、居住地放棄、貧窮、あるいは、このような破壊をことととする社会自体の消滅までもが起こった。別のケースでは、牧夫は群れの管理を誤り、ヤギに低木地を砂漠へと変えさせてしまった。これは分岐の意図せざる結果として起こった新しい不安定な状態の例だわ、ハイラム。ときどき狩猟者は獲物を絶滅させてしまい、つぎに移動してさらなる獲物を絶滅させたのよ。襲撃や戦争では人を殺し、略奪し、奴隷にするだけでなく、時おり復讐のため、あるいはわけもなく、ただ敵の領土を完全に破壊するのよ。焦土作戦は現代に考えつかれたことではないわ。ローマ人は土地に塩を撒いて敵の領土を破壊する方法を知っていた。中世のダルマチア沿岸の大森林は、いまどこにあるかしら？ 信じられないほどすごい数の杭に変えられて水とゴミの中でベニスを支えているわ。で、今日では不毛で石ころだらけのとんがり山が残ったのよ」

「何かが残っているなんて驚きだわ」とホーテンスが言った。

「そうかしら」とケートが言った。「いまでもなお、どこの場所でも、ほとんどいつも、人々は自分たちの居住地を破壊しないでやっているわ。長い期間、連続して住んでいる居住地もたくさん存在しているじゃない。私たちの種を何とか抑えているのは何なのかしら？ 何かが抑止しているのよ。さもないと、地球の大部分は、ずっと遠い過去に荒廃していただろうし、つぎに再生するや否やまた荒廃したことでしょうに——大地が実際に再生したとすればね。私は、私たちの進化の素質はネコ科大型肉食獣、ゾウ、ボノボ、チンパンジーなどのものと似通っており、そこには居住地破壊を止める形質が入っているのにちがいないと推測しているの」

「もったいぶらないで」とハイラムが言った。「救いをもたらす形質を知っているなら、教えてくれませんか」

「いいえ、もちろんお答えできないわ。ただ推測しているだけですもの。でも、ちょっとした考えはあるのよ。つかみどころのないしろものだけど。というのは人類に関して、もって生まれた素質と修養による慣習を見分けるのはとてもむずかしいからよ。さあ、私の考え方の基本ルールよ。それは、進化の過程で人類に授けられた抑止力はすべての文明にひろがっていなければならない。人類が長い期間を超えて、競争に勝ってきたことと矛盾していてはならない——ということよ。

そうした形質のひとつは、美的鑑賞の能力ね。それは意識という進化の贈り物といっしょに私たちのものになった。美的鑑賞の形跡はホモサピエンスの初期の証拠といっしょに存在している。最古の洞窟の絵の復元を見た人はだれでも、絵に吹き込まれている美的感性を疑いえないわ——たとえその絵が何かほかの目的に奉仕したとしてもね。略奪者は自分自身と自分の所有物を飾り付け、踊りを踊り、音楽を奏でる。こうしたことはすべて自分たちが途方もない略奪をしないためにだったにちがいない。芸術の実践と鑑賞は環境にはほとんど害はおよぼさない。特別に意味があることだと思うのよ、美的鑑賞がほかの自然への賞賛を含んでいるということは。花、海、波、岩、貝殻、ブドウの木、ヒトの顔と手、鳥と他の動物たち、太陽、月、星、草、チョウチョウ――美術で繰り返し出てくる題材で、時に正確に、時に抽象的に、時には様式的に描かれる――そしてついには芸術は、耕した農地、自然の風景、海の風景、街頭風景、記念建造物そして家族の情景を表現するのよ」

「本当にそうだが、でも頼りにするにはちょっと弱いのでは」とアームブラスターは言った。

「こんなにも長くつづいて普遍的な行動だったのなら、弱いはずがないわ」とケートが言った。

「北極圏から熱帯まで、美的鑑賞はヒトの形質だわ。何かほかの種でそうした永続的で広範に及ぶ行動を見つけたならば、それはその種に強味を与えるものと推測するに決まっている――ハイラムが当然のことと思ったように、ネコの怠惰、ゾウの水浴びの楽しみ、ボノボが戯れをすることなどがね。どうして永続的なヒトの形質を適応の強味ではなく、ただの弱みとして退けるのかしら？　それは科学的に適切なアプローチではないわ。

私の基本ルールに適している別の形質、いやむしろ別の一組の形質は、逸脱への報復の恐れと畏敬を感じる素質よ。この二つも同じく、意識の贈り物よ。古代の時代、環境を侵した者は川、風、火山、海、森の精霊の怒りにさらされた。人間の勝手気ままな振る舞いが動物を不機嫌にさせ敵意をもたせたのかもしれない。世界は精霊など超自然的な力で守られている地域でいっぱいだった。逸脱は不運、のろい、神々と祖先の霊から受ける恩恵の取り消しを招いたのよ」

「ケート、君は居住地破壊の抑止力として迷信をほめそやすのかい？」とアームブラスターは詰問した。

「迷信が動物、川などについて真理を語っていると言うつもりはないわ、アームブラスター。私は迷信も人類について何らかの真実を物語ると言いたいの。だから報復の恐れは抑止力として弱いとは言えないわ。たったいま、最も科学的に進歩している社会でも、そうした恐れは潜在的な抑止力になっている。というのは、人間以外の自然へヒトが与えた損害への恐れに対して、ほかならぬ科学が迷信よりももっと怖い原因を私たちに提供しているからよ。ほんの短い期間、西洋文明は、ヒトは自然の支配者として神から選ばれた者だという誤った信仰のもとで、この恐れを少なくした。しかし、報復への古代的恐怖は戻ってきているわ。それとともに古代文明が直面しなかった新たな恐怖もいっしょにね。自然とその法則は——精霊、神々とは違って——なだめ、懇願し、おだてても影響されない。プリオンと毒物、地球温暖化ガス、放射能漏れ、石油漏れ、酸性雨——こうしたもので痛めつけられた環境は私たちの言い訳を聞かないし、私たちの約束にも取り合わない。

この地球において私たちよりももっと強い力に対する畏敬もまた力を取り戻しているわ。畏敬の一面を述べると——神聖さゆえにある場所を崇敬する念は——意義ある歴史的、美的あるいは生態上の価値がある場への崇敬の念に代わっている」

「あなたが最初に抑止力として代わりの作業をあげたとき」とホーテンスは言った。「考えたのよ。あなたが他の動物の行動を考察するように、動物が私たちの行動を考察するとしたら、私たちは動物をどのように見たらいいのかしらとね。きっと動物たちは私たちを、莫大な時間、努力、創意を費やして口から雑音を出したり受け取ったりしている変な生き物だとみなしているでしょう。全人類は——あなたが言ったように北極圏から熱帯まで——おしゃべりしている。言葉を使う能力は生まれつきのものよ。それは、個人としても種としても私たちの競争における成功の幅をひろげるわ。

そして部族の儀式からインターネットでの雑談まで、おしゃべりはたしかに時間を要するわ。でも、言葉には無害の暇つぶしの代わりとなる以外に居住地破壊を止めることがまだ何かあるかしら?」

「言葉は無害なんかではないわ」とケートが言った。「言葉は、私たちが考えていることとすることすべてを吹き込んでいるのよ、破壊も含めてね。でも、そうね、古代もいまも、環境への注意、配慮も吹き込んでいるわね。警告したり説得したりする能力がなければ、古代の教師も現代の環境問題専門家も存在しえなかったでしょう」

「私はいじくり回し工夫するという生まれつきの能力を抑止力のひとつとして提案したいね」とハイラムは言った。「たしかに話すことと同様に、工夫することも居住地破壊と居住地保護の両方にかかわりがある。われわれには化石燃料の意図せざる結果を嘆くべき理由がある。しかし思いだすべきこともある。石炭採掘は燃料としての森の完全消滅を防いだし、石油、水力発電はその意図せざる結果による害を伴っているけれども、低品位石炭層の露天掘りからわれわれを救いもした。露天採鉱の環境汚染ときたらひどいものだ。あなたが言ったその他の形質が効果的な抑制力だというのは認めるよ。けれども、われわれがいじくり回し工夫しないのなら、それらはわれわれを遠くにまで到達させないのではないだろうか。そうしたことでわれわれは、同じ自然資源をあまりにも単調に、継続して、破壊的に使用することからしばしば方向転換したのだ。織物の布と敷物は動物の皮に取って代わった。採石された石の柱、レンガや日干しレンガの壁は木材に取って代わった。セラミックの刃物、強化プラスチックは金属に取って代わった。われわれがなすことを修正し、修正し、そして修正して修繕するのをそもそもやめたとしたら、そのとき、われわれは世界を破滅へと至らしめるだろう」

「それより先に、世界が私たちを破滅に至らしめるほうがありそうなことね」とホーテンスは言った。「世界は私たちヒトを含めて特定のどの種よりもたくましくて、立ちなおりが早いわ」

「私たちが探している形質について、どなたかほかに推薦はあるかしら？」とケートはたずねた。

「領土愛が心に浮かんだけれど、あまりにも自己中心的すぎて環境中心的なところがなさすぎる。人々はそうすることが自分の領土を保護しひろげるのなら、すべてを厭わずに他の環境を犠牲にしてしまう。さらに、基本ルール――長期性、普遍性、競争での成功との調和――を考慮すると、人類は周囲の状況にそんなに執着していなかったので、よその地がより魅力的に見えてもさまよい出る気はなかったのだということを承知すべきだわ」

彼女は一息ついた。そしてだれも話さないので、つづけた。「いいわねえ、私たちは、美的鑑賞、報復への恐れ、畏敬、説得力、修繕工夫するくせを持ち合わせているわ。こうした古くからの広い範囲にわたってみられる形質は偶然にも現代の環境活動家が発揮し、他の人々にも当てにしている形質よ。これは偶然ではないと思うのよ。こうした形質は大昔から今までずっと、ヒトの気質の構成要素だったように感じられる。ハイラム流に言うと、そうした形質はわれわれの持ちものなのだわ」

「ケート、君はこれが経済と関係があると言ったね」。アームブラスターは考え込んだ様子で言った。「もちろん、生息地保護と経済発展、共発展、多様性との関係はわかる。というのはハイラムが繰り返し言ったように、生息地保護には修繕と工夫が必要であり、そして、これもまた彼がやかましく繰り返し言ったように、修繕と工夫をうまくやるには繁栄している創造的経済が必要だからだ。また、生態学者、化学者、生物学者は――そして彼らの警告的な衝撃的発見は――繁栄している経済により支えられているのであり、その日暮らしの貧しい停滞経済では支えられないものだ。

でも、経済生活と生息地維持との間のつながりの関連性について追加的な意見を述べていいかな？　そう、われわれが置かれているこの居住地は人間以外の自然全体を含んでいる。それゆえ、われわれの自然生息地を回復できないほどに破壊してしまったら、それはヒョウ、ゾウにとってそうであるように、われわれにとっても致命的になるだろう。それで、そう、進化はわれわれに、人間以外の自然世界を破壊から何とか防ぐように抑止形質をちゃんと与えたのだと考えてもかまわない。

でも人類として、われわれの生息地はわれわれの居住地とそれが拠りどころとする経済全体からも組み立てられている。最も成功している経済の中にこそ最も成功している企業を見出すのは偶然ではないよ——貧困に陥っている経済ではなくてね。貧困地域は、たとえば、最後にはみずからもついには貧しくなる全能の地主によって支配されているのさ——こういう支配者は勝利者として賞を獲得するのにはすぐれているが、経済生息地を保護するのには役立たない。

私は、進化がわれわれに経済生息地を保護する生まれつきの形質を身につけさせるかどうか楽観はしていない——少なくとも商業に関していえば、生息地の発生はつい一万年か、せいぜい約二万年前かもしれないからね。ひとつの種としては、われわれはホワイトカラー犯罪、組織犯罪、単独犯罪、無慈悲で摂取的な統治、そして規模拡大病の影響を受けやすい。これらすべては、権力、富、虚飾への自己の渇望を満たすため、あるいは自己のユートピア像を押しつけるために、無思慮な行為により金の卵を産むガチョウをいつでも絞め殺そうとする。たとえ、どんな経済的な害がそれらが競争している場にもたらされようとも、ね。それらが引きおこす恐怖は無限にひろがる。致命的な武器、細菌戦、大量殺戮、民族浄化、大衆の興奮状態を高めるキャンペーン、ほかの人々の惨事を引き起こしかねない憎悪などだ。これに対し、進化はわれわれにどんな保護をしてくれたのか？」

「たいしてしていないかな」。ケートがためらい、まごついているように見えたので、ハイラムは答えた。「唯一知性ですね。いや、待って。たぶん私は間違っている。私たちには道徳感覚がある――意識のもうひとつの贈り物だ。正邪の定義はまちまちだが、正しい行動、悪い行動という意識はずいぶん大昔から広い範囲に及ぶ形質だ。アームブラスター、ケート、ホーテンス、あなた方はよく知っているね。私は、政治と経済生活の共生についてのみなさんの本を読ませていただいた。あの本は、本質的にはあなたがたがちょうどいま持ちだしている問題を取り扱っている。政治と経済の共生とそれを擁護する道徳を尊重しないと、経済生活の繁栄は行き詰まると言っているのは正しいよ。

けれども、アームブラスターが言ったリストにもうひとつの罪業を付け足したい。それは無知です。無知を救うのは自覚と知識だ。なぜかと思うでしょう、私が――」

食堂の扉が開き、マレーが顔を突きだした。「居眠りをしてしまったよ」と彼は言った。「庭はすっかり乾いているよ。外に出よう」

「無理だよ。テープレコーダーがあるから」とアームブラスターは言った。

「もう地下室から延長コードを引いてある。さあ、いこう。外はとてもすばらしいよ、部屋でぐずぐずなんてしていられないさ」

第7章　予測不可能性

ハイラムの庭の自慢は、二本の美しいアメリカスズカケ、ライラックの茂み、それにキツネの頭と前脚の彫刻が浮きだしているレンガ塀を伝うイングリッシュ・アイビーだった。「若いころのジョエルの作品だ。そのころから彫刻家になりたがっていた」とマレーはケートに言った。二人はホーテンスからジントニックを受け取り、オリーブ色の庭椅子へと歩いていくところだった。

アームブラスターは、外部の騒音がテープの声を消さないか心配していたが、庭が静かで落ちついているので喜んだ。ハイラムの住む街の家々は、壁が共有していたが、この壁は裏庭への街路の騒音を和らげる仕組みになっていた。草木や芝生が濡れているので、近所の人は芝刈り機を使わない。この幸運に思いを馳せていたので、彼はハイラムが話のはじめに持ちだしたバタフライ効果を、この庭の昆虫の生活に関する生態学的コメントかとしばらく誤解していた。

彼はホーテンスの発言ですぐ話の筋に引き戻された。「あまりにもこじつけよ――コロラドの平原で一匹のチョウチョウが羽根を羽ばたかせたからって、三〇〇〇マイルの彼方で暴風や洪水が起こるなんて。そんな話が真面目に受け入れられているのに驚いたわ」

「バタフライ効果の裏にあるお話は、結果を予測できるという考え方が大きく改められたことです」とハイラムが言った。「過去三世紀の古典的実験科学は、一つの変数、多くても三つの変数以外の、すべての変数を除外して因果関係を発見することに集中してきた。たとえばビタミンAを含まない食事を与えられたネズミの群を、ビタミンAが食事に含まれている以外はまったく同じネズミの群と比較する。この二群のネズミに見られる差は、ビタミンAの効果によるとしておかしくない。さらにどの実験室でも、同じ注意を払って同じ実験を繰り返せば、同じ効果を得るはずだ。そうでなければ、最初の実験の効力が疑問視される。『追試できるか?』これが実験に対して発せられる最初の質問だ。この種の因果実験は情報をもたらすだけではない。予測さえ行う。それが成功する鍵は、調査対象変数の数が減らされていることだ。

これとは対照的に、相互に関連した変数を四つか五つ含めるだけでも、因果実験は恐ろしく複雑になる。困ったことに、どのひとつの変数をとっても、ひとつまたはさらに多くの他の変数に影響を及ぼし、それがさらに他の変数に影響を及ぼすが、それにはこの過程を引き起こしたはじめの変数も含まれている。こうして原因・結果は複雑なクモの巣のように入り組んでしまい、訳がわからなくなる。そのような問題は直線的でもなく単純でもなく、還元型の実験には向いていない。内容をうまく人工的な断片に分離できないのさ。このような問題が起きるのは、科学者がたとえば『ビタミンAの作用は何か?』ではなく、『ビタミンAの作用はどのようにして起きるか?』を問うときだ。

すべての異なる変数がクモの巣状に入り組んだ形で相互作用しているとしても、これを跡づけることが実際に可能でさえあれば、多変数間の相互作用は予測可能となり、理解しやすくもなる。科学者はみなそのように想定してきた。少なくともそうあってほしいと思ってきたのです。コンピューターがそれを約束する。というのは、必要な計算と比較の数があまりにも多すぎてコンピューター以外では実際問題として分析不可能な複雑性をコンピューターなら処理できるからね」

「なるほど、分析技術での分岐が必要になったのだ」とアームブラスターが言った。

「ある種の複雑な問題については、コンピューターは期待に応えた」。ハイラムはつづけた。「しかし、すべてについてではない。チョウチョウが羽ばたけば西風が立つ話はここから始まった。一九六三年、数学者で気象学者のエドワード・ローレンツは信頼できる長期天気予報の作成方法を提示しようとしていた。彼は温度、気圧、風向き、風速、降雨量、隣接気候前線の影響、そのほかの計測可能な変数を完備した気象システムのパターンの記録をコンピューターに入れた。各パターンの特徴がコンピューターの記憶装置に蓄えられた。彼のアイデアは、気象学者が現在の気象パターンを入力し、記憶装置でこれとぴったり合うパターンを見いだすよう機械に指令するというものだった。論理的には、過去のパターンがその後どうなったかを見れば、それと見合うパターンの今後も予測できるはずだ。

彼は記憶装置の中から見合いのパターンを見つけるようにコンピューターに要求する方法のテストに取りかかり、これを実行した。そして、その後のパターン同士も引きつづき見合っているかどうか検討した。大きな驚きが待っていた。決まってわずか二、三日後、長くても一週間もたてば見合っていた天候パターンは似た動きをしなくなった。その後の動きは最初から見合っていなかった場合と同じくらい、似ても似つかぬものになってしまう。ローレンツは言う。信頼できる天気予報を一週間以上先について作成することは、本来的に不可能であることがこれでわかった。同時に、より広くまたきわめて重要な意味をもつ発見に、思いがけず行き着いたことをも自覚した、と。

天候は予測しがたい動きを見せる。その理由が興味深い。直接の原因は、隠れた、予想できない、特異な事件が不釣り合いに大きな結果を生むことだ。そこからバタフライ効果という簡略な表現が生まれた」

「どうでもいいようなこと――だからこじつけなのよ」とホーテンスが言った。

「そうでもないわ」とケートが言った。「ポイントは、小さな事件が不釣り合いに大きな結果をもたらすのは、変数間を反響しているあいだに変化が拡大していくからだということにあるのよ。そういうことが起きていることを私たちは知っている。噴霧器や廃棄冷蔵庫から出るフロンガスの量は、大気の中では大海の一滴よ。でも、それがオゾンと反応するとフロンは天空に穴を開け、強い紫外線から地球を守れなくする。あるいは、ホーテンス、侵入するウイルスとあなたの血液中の免疫細胞の小さな、目にも見えない衝突が、あなたの体内で生死にかかわる事件をつぎつぎに引き起こすのよ」

「チョウチョウは象徴的に、小さな原因が不釣り合いに大きな結果をもたらすことを意味するだけではないよ」とハイラムは言った。「そのことはずっと前から観察されてきた。昔の諺にも、『馬蹄の釘一本がないために王国が滅ぶ』とある。またチョウチョウは、原因があまりに多く、微妙で、変わっていて、変動が激しいので、すべての原因、影響、複雑なシステムの相互関係を把握することはできない、ということを意味するだけでもない。

ローレンツの発見には大きな衝撃が含まれている。すなわち、ある種のタイプの複雑なシステムにあっては、これに対する個別の影響がすべて正確に把握されたとしても、そのシステムの将来はなお予測不可能なのだ」

「なぜそう言えるの？」とホーテンスが訊いた。「なぜそれがわかるの？」

「システムは進みながら自己形成できる」とハイラムが言った。「天候がそういう具合だ。進化がそういう具合だ。経済も活力なく停滞しているのでなければ、そういう具合だ。前進しながら自己形成できるのだから、あらかじめ決定されてはいない。あらかじめ決定されていない以上、予測は不可能だ」

「気象学者には新しい考えかもしれない。でも言語学者にはわかりきったことだよ」とアームブラスターが言った。「言葉をつくるのは、その言葉を話す人だ。しかし話し手も学者も含めて、言葉の将来の語彙や語法を予測できる者はだれもいない。その理由はまさに君が言ったとおりだ。言葉は使われていきながら自らをつくっていく。言葉は気象パターンと同様、スタートでは同じだったとしても、そのあとに特異な分化をとげる。フランス語、スペイン語、ポルトガル語、マヨルカ語、プロバンス語、ルーマニア語、フロレンス・イタリア語、シチリア・イタリア語がラテン語から分かれてくるとだれが予測しただろうか？『ベーオウルフ』や『カンタベリー物語』の英語を分析して現代英語をだれが予測できたろうか。二八〇〇年の英語の語彙と語法をだれが予測できるか？　そのときにはいま英語が話されている各地でどんなちがいが現われているか、だれが予測できるか？　もちろん」と彼は思慮深く付け加えた。「言葉には文法の法則がある。外国語から借りてきた言葉を適応させるかなり首尾一貫した方法がある。さらに発音変化のパターンはかなり安定している」

「そう、言葉は目茶苦茶なものではない」とハイラムが言った。「創造的自己組織化——それこそいまここでの話題にしていることだが——は無秩序とはちがう。反対だ。ただ言えることは、秩序は均一性ではなく、秩序ある過程の枠内で創造されたものはあらかじめ決定されておらず、すなわち予測もできない」

「生態系では」と彼はつづけた。「動植物は未来への計画といえるものを追求する。未来の意識、あるいは、少なくともわれわれが知っているような未来の意識を欠いているにもかかわらず、そうしている。巣をつくり、巣を掘り、家族を成し、食料源を発見し、根を下ろし、果実を発芽させる。動植物がいっしょになって生態系をつくるのは、将来への計画をもった企業の集団が地域の経済を構成するのと似ている。生態系は集合に対して上下関係による支配を課すことはしないし、できない。それは自己組織化されたものであり、進行しながらみずからを形成する」

「その点は『フィンチの嘴』という本に見事に描かれているわ。私はその本も書評したの」とケートが言った。

「何者も活力と潜在能力をもつ経済を支配することはない」とハイラムが言った。「一生懸命になって期待されたこと、望ましいとされたことをするのでなく、驚きに驚きを重ねて、それは生まれる」

「でも、もしそれが君の権限であれば、ハイラム、君だってきっと悪循環をなくすべく政府に改革を実行させ、環境汚染、資源浪費、その他に注意するよう企業に命令させるだろうに」とアームブラスターは言った。

「私にそんな権限はないよ。だがもっと大事な点は、それをうまくやることは政府の権能でもないということだ——何がなされるべきか割り付けをすることは政府にもできない。何がなされるべきか、何が可能か、私にはわからないし、だれかほかの人、つまり政府内の人であろうと、政府外の人であろうと、わかりはしない。私の顧客は、生命に適した温度で材料を生産する方法や、使用者が使用し終わったら困ったことを起こさずに腐敗還元できる材料や製品を探求している。その集団メンバーのうちには必要とされるものを考え出す人も現われるだろう。その際、他のメンバー、つまり他のメンバーの共発展やさらに多くの他のメンバーにも頼らなければならない。この危なっかしい新奇の案を、修正や分岐を十分吸収して安定させ拡大させるようにすることができるようになるのです」

「傲慢——自信過剰」とマレーが言った。「将来を予測し形成できると思った人々が企てた不発弾が、経済史には充満している。外国援助による輸入代替の大騒ぎはその一例だ。大問題を一挙に解決しようというわけだ。われわれにも例がある。いまから思えば、原子力は期待されていたような安全で無害のエネルギーではなかった。放射能が関係労働者の人体に危険を与えるだけではない。放射性廃棄物はずっと将来にわたって危険でありつづける」

「しかし、原子力は大気汚染や酸性雨を減らすのに有望と思われた」とアームブラスターが抗議した。「試してみなければ何が有効かを経済は見いだせない。ハイラム、君自身だって実験するのに賛成している。重要な新しい分かれ道だけが問題を解決することが明らかになったら、修正を計画しようと少なくとも努めるべきではないのかね？　新しい別の道を急ぎ必要とすることを認識すれば、できるだけ強力に推進すべきでは？」

「間違いは、必要な答えがすでにわかっていると前もって結論することにある」とハイラムは言った。「あなたには答えがわかっているのかもしれない。しかし、わかっていないのかもしれないよ。分岐が成功するには控えめに着手して経済生活でうまく作動するかどうかじっくりテストすることだ——うまくいかなければやめるさ。何千億ドルもの資金が原子力に投じられる一方で原子力以外の可能性は資金不足になり、無視され、嘲笑された。そういうのは実験的アプローチではないよ」

「後知恵は明晰なことで、前知恵は誤りやすいことで、ともに札付きだわ」とケートが言った。

「〝フルトンの馬鹿仕事〟がアメリカ最初の蒸気船のあだ名だった。『馬をもて！』が初期の自動車ユーザーの合言葉だった。草創期の指導的なコンピューター・メーカーだったIBMは、コンピューターは高価すぎ面倒すぎるから個人がもつことにならないと確信していた」

「産業材料の専門家はプラスチックは台所用品と玩具にしか使われないと見切っていた」とマレーは言った。

「そんなことを考えていたのはだれなの？」とホーテンスが訊いた。

「一例は当時の──一九四〇年代はじめの話だよ──金属工業の指導的業界雑誌の技術担当編集者だ」

「いまだってまだ生態学者や環境活動家を奇人扱いし、有機栽培農家や太陽エネルギー支持者を道楽者だと決めつけるのは、よくあることよ」とケートが言った。「少なくとも風力発電エネルギーや物資リサイクリングはいまでは真面目に受け取られ、経済的に引き合う仕事になりつつあるわ。はじめに疑われたって、どうということないんじゃない？」

「おおありさ」とマレーが割って入った。「分岐がうまくいくかもしれないのに、資本や必要な許認可が得られないとか、独占分野に参入できないとか」

「たしかに、望ましい結果について社会が目標を設定し、さらには基準を設けることは可能だよ」とハイラムが言った。「そしてもちろん、環境破壊行動を禁止することもできる——略奪、詐欺、詐取といった反社会的行動を禁止するのと同様にね。しかし環境目標・基準を指示することは、その達成方法まで指示することを意味するわけではない。

実行しなれたことについてだって、最善の方法についてはいうまでもなく、よりよいやり方を予測することさえだれにもできない。以前に経験していないことについてはなおさらです。汚水問題は古くからの問題だし、その解決案も古くからあった。それでも、この環境・経済問題を処理する新たなよりよい方法がつぎつぎに発見されている。政府がバクテリア数と他の汚染物質量の許容範囲を指令するのは結構なことだ。でも、その基準をどのようにして達成するかを政府が指示するのは最悪だ。発展と共発展について議論しているときに私が言ったように、そうすると発展は不満足な現段階で凍結されてしまう」

「インターネットの自己組織化ぶりは驚異だとみんなが言うわ」とホーテンスは言った。「大学や政府のごく少数のコンピューター利用者が、共通の研究関心をもっていて、そのコンピューターを電話線でリンクさせ、システムを立ちあげたのは、なんとすばらしいことか――それが進んでいくうちに自己を形成して、ワールド・ワイド・ウェブにまで広がっていったのは、なんと驚くべきことか。こんなことを計画した人はだれもいない。インターネットは例外なの？」

「こんなに速く大きく成長した点では例外さ」とマレーが答えた。「いまあなたが言ったワールド・ワイド・ウェブという表現に注意してみよう。だれでもインターネットを網の目、クモの巣として理解している。それが自己組織されている点では新奇ではない。物事を処理する方法が既成の大組織で手続きがきちんと定められ、しっかり確立されているのを見ると、つい最初からそうだったのだろうと考えてしまう。郵便制度を見よう。これはいまではeメール、ＦＡＸ、配送サービスにとって代わられつつある。郵便制度ができる前には、ヨーロッパやアメリカの住民がその居住地域外に手紙や小包を送ろうとすれば、それをその方面へ向かうだれかに預けたものだ――船長とか御者とか商人とか商人の従者とか。手紙や小包を出すほうではなく、受け取るほうが運び手に代金を支払う習慣だった。そうしないと運び手が配達を約束しながら果たさなかったり果たせなかったりする心配があったのでね。自己組織化による郵便制度が始まったのは、差出人が手紙を馬車宿や港の飲み屋にもっていき、小遣い稼ぎしたい旅行者がこれらのポストに立ち寄って投函した手紙を拾い上げるようになってからだ。送り手、運び手、宿屋の主人が郵便制度の原型をつくりだそうとしていた――原始的な世界ネットワークをね。一九世紀にこのサービスを政府が制度化したとき、政府はこれを独占し、改善した。特に、受領者ではなく発送者側が料金を支払うことに改めた。この変化は郵便制度の利益を守った。またそれが可能になったのは、政府が配達者に正直で真面目な勤務を強制することによって確実な配達を保障したからだ。しかし政府の努力にもかかわらず、権力をもってしても結局は独占を維持できなかった。独立配達業者がこのサービスを非合法に始めた。そして郵便制度がうまく満たせない隙間を仕事にすることによって、商売を繁盛させた。

今日のクレジットカード、設備リース、一手販売、有機農業、そしてマーケティング――農業についてははじめからだが。これらについては、すっかり確立しているように見えるからといって、間違っても、今日あるような姿で始まったとか、出現したときには期待されたとおりだったとか考えてはいけない」

「一九九二年に香港を訪れたとき」とマレーはつづけた。「小規模だが世界的な自己組織化された市場が活動中なのを目にした。私は広い野外翡翠市場の縁に沿った街路をあちらこちらぼんやり眺めながら散歩していた――ついでだが、この市場は露天商が自分たちで組織したもので、思ってもみなかった規模にまで急成長していた――ふと気づくと、一二、三人の若者が集まって、原石の破片の入った封筒を見せ合い、駐車中の車の屋根を机代わりに使って記号を大急ぎでメモしていた。彼らは翡翠商人で、彼らの書く記号でその日の翡翠の世界価格が決まるということだった。それで思いだしたのはニューヨーク株式市場がウォールストリートの歩道にあるボタンの木の陰で始まったということだ。ボタンの木というのは、ハイラムの庭にも二本生えているアメリカスズカケの古い名前だよ」

「駐車中の車を机にしたところは気に入ったわ」とケートが言った。「机は両膝の延長よ。技術は私たちの身体を延長したものなの。顕微鏡と望遠鏡は目の延長。電話受信機は耳の延長。ペンは指の延長。書くのは声の延長。車は脚と背筋の延長。槍は腕の延長。武器のことを英語ではarms（腕）って言うでしょう」

「腕の中の骨は――ご存じないかもしれないが――」とハイラムが言った。「廃棄物なんだ。あるいは、廃棄物だったんだ。細胞にカルシウムが過剰になると害がある。

細胞は自分でそれを除く。進化の過程で、棄てられたカルシウムは殻、骨、歯になった。廃棄物をリサイクルして用立てるのは生命の昔からの戦略なのだ。もちろん人間も長くこの戦略を意識的に利用してきた。でも、自分の細胞がこれを利用する方法には驚嘆させられる」

「私たちは自然の中で切れ目なく全体的につながっているの――不自然と思うものを頭から軽蔑していたので、このような人間と自然の関係を、ベンは聞こうともせず、考えようともしなかったわ」とケートは言った。

「そうすることはベンの技術憎悪、ビジネス憎悪の喜びを邪魔しただろう」とアームブラスターが言った。「馬鹿げている」

「われわれが、そしてわれわれのすることが、自然でないというのは、もちろん馬鹿げている」とハイラムが言った。「われわれの行為が自然でないなら、定義により超自然だということになる。槍、自動車、コンピューターは超自然ではない。私はいつも考えるのですが、経済も超自然ではないのだ。ただ、経済が拡大のためには多様性を、存続のために活力再補給を、発展のために共発展を必要としているという現実を無視して、経済学者が経済は超自然であるかのように振舞うだけだ。ベンのような善意の人が、経済生活は恣意的で不自然だという馬鹿げた考えを取り上げるのも、不思議ではない」

「ちょっと待ってくださらない」とホーテンスは言った。「馬鹿げているかもしれないけれど、馬鹿げているのも自然だわ。進化して人間には意識が備わっている、いい？　意識があるから、誤りを犯す能力もある。人間はほかの動物より多くの——あるいはほかの動物とは異なった——誤りを犯す。それは人間には自然なことだわ、そうでしょう？」

「そのとおりだね」とマレーが言った。「でも、意識は誤りを認識する能力をも与える」

「困難をへて救われるという恩寵だね」とアームブラスターは言った。「でも自由意思の問題には立ち入らないことにしようよ。自由意思の問題については、語られうることはすでに言われ尽くしている」

「そうとも限りませんよ」とハイラムが言った。「意識自体がいまなお神秘です。どうして心は、心が外部に存在するかのように心を観察できるのだろう？　われわれが自然を超えているとか、ベンが見たように、自然に敵対する位置にあると自惚れるに至るのは、心の中でわれわれ自身をわれわれ自身から分離する能力があるためだ」

「脳が、意思をもち判断する主体としてみずからをなんとか意識できるのは、どのようにしてか。この答えをもし神経生理学者が見いだすとすれば、そのとき彼らが口にするのは蛋白質、酵素、繊毛、神経電気インパルスなどについてだわ」とホーテンスは言った。「たいていの人には退屈で訳がわからないわ」

「それでも想像できないくらいに注目に値するよ」とハイラムは言った。「自然の営みを知れば知るほど、自然はいよいよ驚嘆すべきもののように見える。真の科学としての経済学がもし得られるなら――」

「どこからそれが可能になるの」とホーテンスが訊いた。

「わからない」とハイラム。「それほど有望だとは見えないがね。超自然的でない経済学と人間嫌いでない生態学の共生から、それが可能になるのかもしれない。われわれはそれを必要としている。これまでのところ、恐るべき誤りにもかかわらず、われわれ人間は種の大いなる集まりの中に受け入れられている。現在想定していいとされている以上にもう少ししっかりと、種の群の中に共生者としてみずからの地位を確立する機会が、われわれにはまだあるのだ。しくじるかどうかは予測できない。なぜなら、われわれはやりくりしながら自己を形成しているのだから――いままでもそうしてきたように」

「私の自然秩序賛美にかかわらず」とハイラムはつづけた。「計画が賢明で注意深いといえるかどうかの判断基準に照らせば、自然は完全無欠にはほど遠い。曲がって発達する胚がある。環境変化に適応できず絶滅する種がある。発展と共発展は新たな不確実性を渦中に投ずることによって混乱を招くと主張することもできる。しかしわれわれが論じてきたすばらしい過程は、混乱、過剰、予測不可能性のなかにあっても、なお進行しつづけている。分化を通じた発展と共発展、多様化を通じた拡大、活力再補給を通じた継続、自己修正を通じた安定化——これらすべてが働くことで予測不可能な自己組織化をとおして秩序がもたらされている。

マレーは杯を挙げた。「予測できず、支配もできない、形成途上の未来に乾杯。〝形成途上〟とはつねに永久に〝いま〟のことだと覚えておこう。さて、私は失敬する。私の友人が農業に従事していてミツバチの巣箱を欲しがっている。私の巣箱のひとつが分封《ぶんぽう》しそうになっている。友人の娘さんが私の代わりに監視してくれている。でも、彼女はミツバチの扱いには素人だ。分封は早ければ早いほうがいい。いまはもう六月も半ばすぎだからな。昔の歌のいうところでは、五月のミツバチは干し草一荷分の値打ちがあり、六月のは銀のスプーンの価値があり、七月のはハエにも劣るとさ」

「なぜなの?」とホーテンスが質問した。

「七月のミツバチは冬のために食料を貯める時間がない——養蜂家に残す分はまった

くないからだよ。これは干し草、銀、そして蜂蜜の相対価格がどうなろうとも、従っていて間違いのない原則だ」

「お出かけ前に、もうひとつ質問があるわ」とホーテンスは言った。「経済は何のためにあるの？　人間の必要とする物を供給するためだってことはもちろんわかるわよ。でも人間が必要とすることには、経済生産を公正かつ正当に分かち合うことも含まれているのは確かでしょう」

「その質問は、私の祖父が自然について考えていたことを思いださせるよ」とマレーは言った。「自然は何のためにあるか？　祖父は言っていた。『人類の必需品を供給するためだ』。でも敬虔な人だったので、こう付け加えていた。『人類が神の大いなる慈しみの証しとなるように』とね。あなたは法律家でヒューマニストだから、こう言うだろう。『人々が相互に正義と公正を示しうるように』と。自然は何のためにあるかと訊かれて、ホーテンス、君は私の祖父と同じ答えをするかい？」

「いいえ、もちろんちがうわ。自然は人間の必要とは関係なしに、それ自体として価値があり、完全だわ。私にはあなたの言おうとしたことがわかるわ。経済は何のためにあるかという考えも同じく表面的だとお考えなのね。ただ、人々は自然をつくらず所有もしないけれど、経済をつくり所有するのは人々よ」

ハイラムはため息をついた。そして会話に再び加わった。「たしかに人々は経済生活の過程のおかげで彼らが形を与えたものをつくり、所有している。しかし、裸で暮らしていて文字をもたなかったわれわれの先祖が発展や多様化の過程をつくりだしたのではないし、われわれがつくりだしたのでもない。私にわかるのはつぎのことだけだ。宇宙の過程を出し抜こうとするのは馬鹿げている。究極のところ、経済が何のためにあるか、私にわかっているのは、偉大な宇宙の過程にわれわれなりに参加することを可能とするためだというに尽きる。ほかの方々はどうお考えだろうか？」

「経済生活は、人類には地球や人類以外の自然に責任があることを私たちの種に教えるためにあると私は思うの」とケートが言った。「私は少なくともそう思いたい。私たちなりの言い方だけど、それは証しとすることとそれほどちがってはいないのよ、マレー。それはまたホーテンスの正義と公正の目的とも、それほどちがってはいないわ。ただ私は、人間以外の生命形態も含めて考えたいの」

「この問題について考えることが二つある」とアームブラスターが言った。「第一にイデオロギーに流されるのに気を付けよう。経済イデオロギーは呪いだ。馬の前に車をつなぎ、尻尾が犬を振り回す。自分で自分の目を見えなくしている！　私はマレーの輸入ストレッチ比率を事実に即して検討しようというドライな提案がいいと思う。

マレーがそれを言いだしたときには懐疑的だったけれどもね」

「そうしておれば、びっくりするような結果が出てきただろうね」とマレーが言った。

「第二に」とアームブラスターはつづけた。「経済には言語と共通するところがたくさんあるように思う——予測できないように自己を形成すること以外にも、多くの共通点がありそうだ。言葉は何のためにあるか？　もっともらしい答えでは、コミュニケーションのためだ。それだとコヨーテの鳴き声やシロアリのフェロモンにも当てはまる。これは言葉の機能を正当に扱った答えではない。こういうのはどうか？　言語は、文化およびその他多くの目的の発展を可能とする過程において、学習と学習の普及のためにもある。まさに同様に、経済は物質的必要を満たすためにある。だが、それならシカの食料あさりやハゲタカの腐肉あさりについても言える。これは経済の機能を正当に扱った答えではない。言語と同じように、経済生活によって、われわれは文化や目的を実現するための多くの用途を発展させることができる。そして私の意見では、それがわれわれにとって経済の最も意義深い機能なのだ」

「賛成だね」とマレーは言った。「さて、本当に出かけて、ハチの世話をしなければ」

第8章　アームブラスターの約束

一カ月後のある月曜日、アームブラスターがお気に入りのレストランで新聞を読んでいるとき、ケートがちょっと立ち寄った。「最近、ホーテンスとハイラムから何か連絡はありました?」と彼女はたずねた。

「何もないよ。ねえ、こんな記事が載っている。二〇万を数えるアメリカの美容院で切られた髪約七日分を集め網の目のクッションに結いあげれば、約一週間でエクソン・バルディーズ号の石油漏出を完全に吸収できただろうって。それと対照的に、エクソンは流出石油のたった一二%を回収するために、長時間をかけての除去作業に二〇億ドルを支払った。髪を使う方法はアラバマの美容師が発見した。彼は油にまみれたバルディーズのカワウソの写真を見て、そのぐしょぬれの毛について考え、よちよち歩きの自分の子どもの浅いプールを使って、切られた髪の束と自動車オイルを使って実験を始めた。あるお客さんが〝技術移転の専門家〟と連絡できるようにしてくれた。その専門家は実験室でのテストの手はずを整えてくれて、うまくいった。髪は石油を集めしっかりとくっつける、なぜなら……」

だれかが仕切り席に来てケートの隣に座った。彼女とアームブラスターは二人で見上げ、びっくりした。「マレー!」とケートが言った。「ちょうどいま、どうなさっているかと——」

「ちょっとしか時間がない」とマレーが言った。彼は疲れて、やつれて見えた。「外にタクシーを持たせてある。ホーテンスがここにくれば君に会えると教えてくれた。アームブラスター、お願いがある。ハイラムは他の事業に没頭しきっているので、経済学に戻るかどうか疑わしい。残念だ。彼の考えは役に立つかもしれない。ハイラムに無理強いしないでほしいが、でももし彼がいいというなら、彼の考えが本の形になり、出版できるか世話していただけるだろうか？　面倒なお願いだけれど」。彼は立ち上がった。「さあ、行かなければ」

「どこへ？」とアームブラスターはたずねた。

「病院さ。明日手術の予定なんだ。検査と投薬のため入院することになっている」

――彼は腕時計を見た――「五分後だ」

「ハイラムはどこにいるの？」とケートはたずねた。

「ハイラムとホーテンスは、私がちゃんと世話をしてもらっているか様子を見るため、今日の午後までに来るよ」

「もしハイラムにその気があるなら、わかった、やるよ、マレー。当てにしていいよ」。握手のため手を伸ばしながらアームブラスターは言った。「いっしょに病院へ行こうか？」

「いや、でもありがとう。準備は整っている」

マレーがタクシーに乗り込むのを見送って、ケートとアームブラスターがコーヒーを飲みに戻るとアームブラスターは言った。「ハイラムがテープをとるのはいい考えだと話した瞬間からわかっていたよ。テープを起こすのに彼が同意したら、手伝ってくれるかい?」

「あなたがテープ起こし原稿を編集して、私が少し説明を加えるのね」とケートが言った。「本の題名は何と名づけるの?」

「『人類の生態学』というのはどうだろう?」

「うーん、だめねえ。人類の生態学……、クロクマの生態学……、アサガオの生態学……、それは生態学の眼目を見失っているわ。ひとつの種を分離して、生態学に言及することはできない。覚えていて、ハイラムの主張は人類は人間以外の自然から孤立してはいないということだった。『経済入門』はどうかしら? 彼は、伝統的な経済学テキストでは詳しく論じることのない基礎を扱っているわ」

「ふーむ、いや。カバーのタイトルを見ると、だれでも伝統的経済学の赤ちゃん言葉の入門書だと思うだろう。あるいは、おそらく自分のお金を管理する簡単なアドバイスとか。『生態学における人類』はどうだろう?」

「うーん。私は、こちらのほうがあなたの最初の提案よりは気に入ったわ。でも、あまりにもおおまかね。結局、これは経済学についての本だということははっきりしているわ」

「まあ、タイトルは後でいいさ。原稿の中から何かひらめくかもしれない。もちろん、ハイラムは出版しようという考えそのものに躊躇するかもしれない。そうでないことを望むよ。マレーが言ったように、これは役に立つかもしれない」

エピローグ

ハイラムはアームブラスターに本の編集から解放してもらい、喜んでいた。マレーは手術から完全に回復してハイラムとホーテンスの秋の結婚式に出席できた。マレーはアームブラスターが編集した草稿を読み、訂正し、承認することもできた。もっともアームブラスターの編集した原稿はほとんど修正なしで出版された。本のタイトルはハイラムが提供した。ケートとホーテンスは、本の仕事に取りかかってからアームブラスターが五歳は若く見えるということで意見が一致した。アームブラスターはレストランをこれまでほど頻繁には訪れなくなり、そこが店仕舞いをして花屋に置き換わっていたのに全然気づかなかった。

原注

＊注の順序は本文に従う。
［ ］内は訳者注。

第1章　なんと、またエコロジストだって

生物模倣法の本は Janine M. Benyus, *Biomimicry* (New York: Morrow, 1997) である。Steve Lerner, *Eco-Pioneers* (Cambridge, Mass.: MIT, 1997) は自然から学んだ革新的な製品や製法について述べている。それらは建設的で独創的であるが *Biomimicry* で扱われているものほど野心的でなく、複雑ではない。生物模倣についてのその他の試みは Kenny Ausubel, *Restoring the Earth; Visionary Solutions from the Bioneers* (Tiburon, Calif.: Kramer, 1997) に記述されている。バイオニーア（Bioneer）運動のニューズレター『コレクティブ・ヘリテージ』(*Collective Heritage*, Santa Fe, N. M.) はすでに成功したか、または将来有望な生物模倣の進行中のニュースを伝えている。たとえば一九九八年春季号では、植物媒介についての情報、金属を蓄積する植物を汚染された土壌の浄化に利用した例、野牛と野生雛鳥の草原での関係に範をとって鶏卵農場という形の共生牧畜に大成功したバージニアの農場の例、などを伝え

ている。雑誌『サイエンス』(*Science*, July 25, 1997) 掲載の Peter M. Vitousek, et al., "Human Domination of Earth's Ecosystems" は、痛めつけられた生態系の回復を急ぐための介入を特に論じ、それが「自然の過程を利用もしくは模倣する」場合に最もうまくいくと指摘している。

The Oxford English Dictionary は生態学 ecology (旧スペル oecology) を「動物と植物の経済についての科学」と定義し、この言葉が英語で文献上最初に現われた日付は一八七三年で、この表現が経済 economy から来たことを注釈している。生態学 (oecology) ははじめは動物、植物両方の集団を指していたが、一八九六年にスペルが ecology に改まってからは植物の集団のみを指すようになり、一九三〇年に至って再び動物も含まれるようになった。

バクテリアの産業的利用はつねに発見され、再発見されている――たとえばイギリスのレディング大学の植物生化学者フィリップ・ジョン (Philip John) はクロストリジウムというバクテリアがアブラナ科のタイセイの葉を藍に変える働きがあることを発見した。この過程は初期アメリカ植民者が編纂したマニュアルからジョンが再構成したもので、青のデニムを染めることから生じる汚染を軽減するうえで経済的、環境的に重要となる可能性がある。

ホーテンスが言及したホルモンまがいの化学汚染物質 (環境ホルモン) は Colborn,

Dumanoski, and Myers, *Our Stolen Future* (New York: Dutton, 1996) で論じられている［邦訳はシーア・コルボーン、ダイアン・ダマノスキ、ジョン・ピーターソン・マイヤーズ著『奪われし未来』長尾力訳、翔泳社］。

第2章　発展の本質

進化論的発展に関する専門的なテキスト、Stephen Jay Gould, *Ontogeny and Phylogeny* (Cambridge, Mass.: Belknap/Harvard, 1977) は、発展を過程（プロセス）として理解する歴史についても調べている。発展を一つの過程として理解することで、「進化」という言葉は前成説から生物の変化という現代的な意味に変容した（二八頁以下）。ドイツの発生学者、K・E・フォン・ベーア（一七九二〜一八七六）はほかのいくつかの科学分野でも知的開拓者だったが、個体発生の法則をつぎのように述べている。「もっとも一般的な形質からそれよりは一般的でない形質が発生し、それからさらに、ということが続いて最後にもっとも特殊化した形質が発生する」［邦訳九八頁］。さらに、グールドが指摘しているように、フォン・ベーアは発展の一般的、普遍的法則をつぎのように一体と考えることを認めている。「宇宙において、ばらばらの物体を集めて球状にし、それらを結びつけて太陽系をつくっているのも同じ思想である。そして、金属的な惑星の表面に散らばる塵が生物へと発展するのを許したのも同じ思想である」［邦訳一〇七頁］。彼の洞察は進化論者により時には「同質から分化した異質」（五二頁以下と一〇九頁以下）として言い換えられた。私が用いている言い換えの表現は今日では一般的である［邦訳はスティーヴン・J・グールド著『個体発生と系統発生』仁木帝都・渡辺政隆訳、工作舎］。

Lynn Margulis, *Symbiotic Planet: A New View of Evolution* (New York: Basic Books, 1998) は、われわれ自身の細胞内小器官が、単細胞生命体である細菌に由来する共生の結果であることを解説する良い入門書である。彼女が指摘するように、共生は相互援助により利益を得る二種（しばしばそれ以上）の生物の関係だけでなく、共生体が結合しなければ果たせないことを果たすことができ、また共生体が結合しなければ存在しえないものになりうる別の生物を事実上創造するプロセスである［邦訳はリン・マーギュリス著『共生生命体の30億年』中村桂子訳、草思社］。Lewis Thomas, *Lives of a Cell* (New York: Viking, 1974) は一読の価値があるだけでなく、ミトコンドリアについて魅力的に書かれた科学的に正確なエッセイである。光合成機能を担う葉緑体と緑色植物の共生関係についてのわかりやすい説明は *Biomimicry*（第1章注参照）に含まれている。

ハニーバードとそのハチミツ収集の方法についてはボツワナで地元の人からアラナ・プロブストが説明を受け、彼女はその情報を私に知らせた。スカンクに似た哺乳類はミツアナグマといい、アフリカ、インド産の動物である。ハニーバードは〝ミツバチ案内人〟という名のもとに、アフリカ、南アジア産として *Random House Dictionary* で定義されている。「ハニーバードのある種は人や動物をミツバチの巣へと導く習性で知られている。……」。プロブストがボツワナで得た情報によると、ハンターが愚かで鳥といっしょにミツバチの巣を分け合わないならば、彼は二度と再びミツバチの巣へ誘導されないそうだ。しかし、彼女はこれは実証されえないと告げられた。「というのは、だれもそんなに愚かではないので」。

ヘレナ・クローニンは *The Ant and the Peacock* (Cambridge: Cambridge University Press, 1991) で〝血塗られた牙や爪〟という自然の描写は、テニスンの詩で一八五〇年に出版されており、ダーウィン以前のものであると指摘している。それは「科学の世界でもその外でも、当時普及していた自然観を反映しているのです。……ダーウィンとウォレスは、彼らの同時代人に劣らず、この荒々しい伝統の継承者でした」(二七三頁)〔邦訳はヘレナ・クローニン著『性選択と利他行動――クジャクとアリの進化論』長谷川真理子訳、工作舎、三七九頁〕。

Janine Benyus (『生物模倣法』の著者) はトロントでの一九九七年一〇月の講演で聴衆からの質問に答えてフラクタルの例として筋肉を挙げた。コンピューターで作成されたフラクタルのカラーイラストレーション (これらのものは色付けしてある) は"Computer Recreations" by A. K. Dewdney, *Scientific American* (August, 1985)〔『日経サイエンス』一九八五年一〇月号 (日経サイエンス社)〕に添えられている。

タイタニック号の鉄鋼は、船体の残骸から回収された鋼板を使って、ハリファクスのカナダ国防省の資材実験室で分析された。John MacIntyre, "The Other Lessons from the Titanic," *The Globe and Mail* (Toronto, April 18, 1998) 参照。

一般から発生する分化については、分化が固定されない場合、あるいは固定されるまでの期間について、知識の幹として示される。たとえば、歴史の一般性（何が起こったか？）からは考古学、古記録、伝記、歴史小説と劇、回顧録、先史時代の時代決定の技術、科学史、医術、芸術、市民権、産業、女性学などが現われた。多くの生命科学、地震学、プレートテクニクス、鉱物・石油探査などはかつて自然科学として知られていた一般性から現われている。

以前には気づかれなかった共発展と相互依存の発見は、最近は歴史上でも現代においてもおびただしく、早く現われる。二～三の例を挙げよう。考古学者は驚いたことに、紀元前二〇〇〇年にメソポタミア人が玄武岩の微砂を溶かしてそれをゆっくりと冷ますことで、建築用および穀物を引き粉にするための合成石をつくったのを知った——洗練された技術はその技能と知識をプールするために焼き物師とかじ屋を必要としたにちがいない。『サイエンス・ニュース』(*Science News*, vol. 153, p. 407) 参照。ブリティッシュコロンビアの森でのカバノキとモミについての実験によると、カバノキは両種の根を取り囲む地下菌類のネットワークが運ぶ糖の形で炭素をモミに補助している。研究者がモミを大きな布の天蓋で覆うと、カバノキと菌類は炭素の供給量を増やした。この発見は、植物はつねに資源の奪い合いをすると仮定している生態系モデルと矛盾するし、幼年期に長い期間日陰で成長するある植物は日照不足にかかわらず、どのようにして滋養分を受けるのかを暗示している。*Science News* (vol. 152, p. 87) 参照。

古英語の「与える (giving)」と「取引する (trading)」とのあいだの関係は、Robert Claiborne, *Our Marvelous Native Tongue* (New York: Times Books, 1983), p. 80 に説明されている。

商業ベースのリサイクル業者と古着を集めるチャリティーの新しい実践については、Ljeoma Ross, "Squeeze Is on Charities as Cheap Becomes Chic," [(この見出しはひどくミスリーディングだが)] *The Globe and Mail* (Toronto, November 2, 1996) に記述されている。よくあるビラには「時間を節約しフラストレーションをなくそう」「あなたにはムダでも他の誰かには必要だ」との見出しがあり、ビラには望まれる品物、収集の日、回収業者のバッグを見分ける方法が明記してある。ビラは寄付者に、ライバルの再利用者が寄贈品を盗んでいるのを目撃した場合には警察と会社に電話するよう求めてもいる。チャリティーと商業再利用を兼ねた業者が行っているような仕組みを利用したことがあるので、私はその効率性を確信できる。

ＩＢＭの半導体素子技術者により使われた一五世紀の銅線の製法は、『エコノミスト』(*The*

Economist）が報道し、『グローブ・アンド・メール』（*The Globe and Mail*, Toronto, July 11, 1998）が転載した。

新しい手動のタイプライターが消えたというケートの想像は早まりすぎている。たとえば Hammacher Schlemmer mail order catalogue（New York, 1999）は携帯用手動オリベッティ製タイプライターを広告している。修理のできる機械士がいなくなったというのは別の問題である。

ソビエト連邦の計画経済を運営する官僚制に従事していた人々の数は八〇〇万人であったと北米の新聞は決まって報道している。

トルコ絨毯の染色とすばらしい織物の復元についての情報は、トロントの織物美術館の設立者マックス・アレン（Max Allen）によっている。彼はカナダ放送会社のラジオプロデューサーでもあり、録音技術の急速な陳腐化についても教えてくれた。インタビューを再生しようとして見つけられなかった機械は、メモコード（Memocord）といい、当時非常に成功したウィーンの技術であった。

Stewart Brand, *The Clock of the Long Now*（New York: Basic Books, 1999）は、急速に陳

腐化するコンピューター・ディスクとテープのデータの総損失について議論するとともに、データを移すためのありうべき戦略についても言及している（pp. 82-92）。

第3章　拡大の本質

初期の発電機を備えバターで受賞した農場のモデルは、ニューヨーク州デラウェア郡の酪農兼営農場で、その所有者は私の夫の家族の一世代前の友人だった。技師の経歴は私の義父をモデルとしている。〝ジョエルとジェニー〟はニューヨーク市の現在のソーホーで一九三七年に自分たちの経歴を語ってくれたある夫婦をモデルにしている。

単細胞生物が予想外の場所で見つかることや、地下生活するバクテリアの量の推計は『サイエンス』（*The Sciences*, New York: New York Academy of Sciences, July/August, 1998）所載の Ricardo Guerrero and Lynn Margulis 論文が要約している。

Adrian Forsyth and Ken Miyata, *Tropical Nature* (New York: Macmillan, 1984) は、農場とするために森林を伐採すると熱帯雨林の土壌は生産性が低くなることとその理由について述べている。バイオマスの量と種の多様性との間に密接な関係があることは、ミネソタ大学とトロント大学の合同研究チームによって測定された。同チームはミネソタ草原の一四七区画に種子を播き育成した。各区画には一種類ないし二四種類の土着の種が単一で、または組み合わせて植えつけられた。結果は、区画内の種の数が多ければ多いほど生産されるバイオマスの量が多く、また種の数が多ければ多いほど土壌から吸収する窒素量が多くなること、反対に種の数が少なければ少ないだけ、用いられないままに土壌から浸出してしまう窒素量が多いことを示している。研究者たちの結論は、ある土地に棲む種が多いほどその資源利用は効率的になると示唆したダーウィンは正しかったというものだ——ただ、どのようなメカニズムが働いてそうなるのかはまだわかっていないと研究者たちは付け加えている（『グローブ・アンド・メール』（*The Globe and Mail*, Toronto, March 9 参照）。同様の関係は『サイエンス』（*Science*, November 7, 1997）所載の William F. Laurance and Thomas E. Lovejoy 論文でも報告されている。彼らはブラジルの残留森林区域を周囲が伐採されてから一〇〜一七年後に研究した。残留森林地区は手つかずの森林に比べ面積当たりで含まれている植物・動物の種が少ない。また残留森林地区はバイオマスの量も少ない（研究チームは樹木五万六〇〇〇本の直径を測定した）。多様性が減少すると、バイオマスが三六％も減っている場合もあった。

たぶん二〇世紀後半に野心的で、費用のかかる経済拡大を強制したり誘導する政策があまりにも多く失敗したために、ついに王様は裸だ——経済理論は経済拡大を説明できない——と言っても差しつかえないことになった。たとえば、『エコノミスト』（*The Economist*, March 5, 1999）所載の総括論文、"The Chemistry of Growth"は「経済成長は経済学にたくさんあるブラックボックス（未解明部分）の中でも最も黒い（最も解明が遅れている）ものとして悪名が高い」と書き出し、そして現行の諸学説を軽くやっつけたあとで、「成長を促進するには政府は主として何をなすべきか？　あーそう、まだ謎のままである」と結んでいる。私に言わせれば、『エコノミスト』の問題設定はこの神秘に迫る正しい方法ではない。問題の本質は、政府が何をなすかではなく、〝経済〟それ自体が何をなすかにある。

都市の経済拡大が時に不規則な場合があり、つねに散発的であること、ならびにこれらの特異性の見られる理由については、私の著書 *The Economy of Cities* (New York: Random House, 1969 and Vintage, 1970) の"Explosive City Growth"の章で論じられている〔邦訳は『都市の原理』中江利忠・加賀谷洋一訳、鹿島出版会〕。

Chaos and the Evolving Ecological Universe (Langhorne, Pa.: Gordon and Breach, 1994) の著者 Sally Goerner は、放出されたエネルギーはマクロ規模の機構では失われるが「そのことはエネルギーが通常想定されている意味で〝失われる〟ことを必ずしも意味しない。〝失われたエネルギー〟は異なった形態の仕事で用いられる。たとえば、エンジンで失われた熱は、エンジンの行う仕事では失われたが、原子のレベルでは仕事をする。マクロ規模で失われたものはミクロ規模では生きて働いている」と指摘している（私信による）。

エコトラスト (Ecotrust) は北米太平洋の沿岸温帯雨林の開発を環境保護にもとづいて行う

ことを使命とする組織であるが、森林、水源、魚類のような資源を適切にも「自然資本」とよんでいる。再生可能な資源が人的資本と人間の努力と結合されることで慎重にストレッチされるなら、自然資本の果実だけが採取され、資本そのものは残される。Spencer B. Beebe, *Natural Capital in the Rain Forests of Home* (Portland, Ore.: Ecotrust, 1998) 参照。

三菱電機アメリカのCEO兼会長・木内孝はマイクロチップを輸入ストレッチの例として(そういう表現は用いていないが)引用している。「マイクロチップの物理的内容には大して価値はない。珪土は地球上で最も安価で豊富な原材料――砂です。しかしマイクロチップは――その形状、そのデザイン、その見えざる芸術性は――きわめて価値が高い。しかもそれはほとんど無尽蔵と思われる資源――人間の心と精神――から引きだされる知識とインスピレーションに由来しているのです。これは最も価値ある資源であり、かつ最も豊富な資源です」(一九九七年六月ワシントンD.C.での講演)。木内は、生態系に有害な製品・製法に投資するのを避け、〝ゆりかごからゆりかごまで〟、すなわち設計から製造、使用を経て最後に製品または廃品として再利用やリサイクルに至るまでのあいだ、製品の生態系への影響について企業責任をとることが望ましいと強調する企業を構成員とする協会の指導者でもある。この考え方を建築と設計実習の学生に教えている建築家にバージニア州シャーロッツビルのウィリアム・マクドナウ(William McDonough)がいる。ポール・ホーケン(Paul Hawken)の著書を読んだ人は、こうした考えになじんでいる。

シカゴ大学教授で一九九五年ノーベル経済学賞受賞者のロバート・ルーカス（Robert Lucas）は、人的資本を主要な経済資源と認め、それを経済モデルに導入し、この資源が使用によって枯渇するものでないことを指摘している。"On the Mechanics of Economic Development," *Journal of Monetary Economics*（22.3-42, 1988）参照。ルーカスの学生で現在スタンフォード大学教授のポール・ローマー（Paul Romer）は、技術変化における人的資本の役割を強調しつつこの発想を追求している。"Increasing Returns and Long-Run Growth," *Journal of Political Economy*（94.1002-1037, 1986）参照。ローマーの着想が経済学者によってどのように受けとめられたか（賛否両論がある）は Bernard Wysocki, Jr. によってレビューされている。『ウォール・ストリート・ジャーナル』（*The Wall Street Journal*）より『グローブ・アンド・メール』（*The Globe and Mail*, Toronto, February 15, 1997）に転載、参照。

第4章　活力自己再補給の本質

James Lovelock, *Gaia: A New Look at Life on Earth*（Oxford: Oxford University Press）は一九七九年が初版であり、一九九五年に同じ出版社から改訂、修正版で再刊された［邦訳はジェームズ・ラヴロック著『地球生命圏　ガイアの科学』星川淳訳、工作舎］。James Lovelock, *The Age of Gaia: A Biography of Our Living Earth*（New York: Norton, 1988）は化学合成と生命圏の進化を専門的に記述している。自己発展、自己調節する統一体としての地球というラヴロックの仮説は、一九世紀に提案された同じ地球の概念のより初期の考えと同様にほとんどの科学者にはじめは軽蔑された。しかし、その仮説はいまは一般に科学者により理論へと高められており、「地球システム科学」(earth system science) という名前が付けられている。ラヴロックの研究以前と以降のアイデアの歴史はゲレロとマーギュリスが第3章の注で引用した『サイエンス』(*The Sciences*) の彼らの記事で簡単に展望している〔邦訳はジェームズ・ラヴロック著『ガイアの時代』星川淳訳、工作舎〕。

ウイルスにはエネルギー代謝や新陳代謝をする器官はなく、生きた細胞(多くの場合、バクテリアか他の単細胞生物)に感染、侵入しないと増殖することもできない。これはウイルスはどのようにして発生したかという疑問をも引き起こす。ウイルスは最も単純な細胞よりさらに単純だが、細胞生命の前駆体であったはずはない。最新の理論は、ウイルスは生きた細胞の不完全な分離した断片として生まれたというものである。ウイルスは信じがたいほどたくさんいる(最近の数字を示すと、海水では約一〇〇〇万/ミリリットル、テキサスの飲料水では約二〇〇万/ミリリットル、カナダの大草原湿地帯で――これまでで最も高い数字を見つけた――約二五億/ミリリットルである)。幸いにも比較的少数の種類のウイルスしか生命に害を及ぼさない。ウイルスの遍歴は生物のあいだの少量のDNA、RNAを運ぶことで進化を有意義に助けてさえいるかもしれないと推測されている――あたかも遺伝子技術者のように。田舎ののどかな農耕の村は、今日のほとんどの企業城下町の起こりと同じように、経済的には活力自己補給している地域から不完全で分離した断片として生まれたのかもしれないという私の想定を参照されたい（p. 36ff, *The Economy of Cities*; 第3章注参照）。

台湾がいかに急速に融通のきく拡大的な経済に発展したかは、私の著書 *Cities and the Wealth of Nations: Principles of Economic Life* (New York: Random House, 1984, and Vintage, 1985) に記述している［邦訳は『発展する地域　衰退する地域』中村達也訳、ちくま学芸文庫］。

サンフランシスコのペット会社はアンセル・ロビンソン (Ansel Robinson) により設立された。彼は私の祖父の従兄弟だった。会社をどのように始めたかは家族の言い伝えによる。もっとあとの歴史については、そのとき会社を率いたアンセルの子孫との一九五八年の会話から得た。

小企業家にとって孤立という不利な点に立ち向かう手段は、オハイオ州アセンズでジューン・ホーレイ (June Holley) により設立されたアパラチア経済ネットワークセンターにより実際に示されている。それについてはトーマス・ペッツィンガー (Thomas Petzinger) が彼のコラム "The Front Line," *The Wall Street Journal* (October 25, 1997) に記述した。小さくて分離された企業のネットワークは——すべてではないが多くが食料生産、加工に関係していた——それぞれ他の生産物に自身の商品とサービスで付加価値をつける。こうしたことは都市経済では通常みられることだが、小さな地域社会に分散している企業の間ではまれである。

カッティングの企業 Cutting Packing Co. は一八七〇年代に創立された。*Disturnell's Business Dictionary of California* (1882-83 edition) は「密封品」の分類のもとに載せている。サンフランシスコのメインストリートに立地。

日本の縫製機械製造業者は一九世紀後半に日本の自転車製造業者が先鞭をつけた〝開発しながら稼ぐ〟という効果的な製造手法を模倣した。*The Economy of Cities*（第3章注）に記述してある。

ロサンゼルス経済の特異な拡大は"Undiscovered City," *Fortune*（June 1949）に記述されている。デトロイトの部品製造業者経済の特異な萎縮は"Paradox in Detroit," *Fortune*（January 1952）で論じられている。

ひとつの都市が特定の商品やサービスを生産できる（そしてたぶん輸出できる）ならば、他の都市もまたそれができるのはほぼ確実である。それゆえに都市が輸出の仕事を失う理由は、他の地域がそれを新しい企業か工場かによる自分たちの生産と置き換えるからである。多様化する大都市経済には、この理由からより古い仕事が絶え間なく失われていくという脆さがある。

というのは、こうした大都市の経済活動の多くが、どこかよそでの輸入置き換えの影響を受けやすいからである。そうした都市が自分自身の利益になるようにこれまでの輸入を置き換える（そして新しい輸出を生みだす）ことを深刻にためらうならば、その経済は成長が止まるばかりではなく、だんだん小さくなり、そのうちに活気がなくなる。これは経済的に困窮している多くの都市で起こっていることである——たとえばデトロイト、バッファローがそうだ。都市のあいだでの、そして都市の外の居住地、地域における輸入置き換えの複雑な影響については、*Cities and the Wealth of Nations*（この章注）で論じられている。

ペッツィンガー（Petzinger）は再度『ウォール・ストリート・ジャーナル』（*The Wall Street Journal*, January 9, 1998）のコラムで「新しい〝地域の経済〟が古い〝規模の経済〟を征服しはじめている」と指摘している。一〇〇平方フィート以下しか占めない設備で醸造されたプレミアム地ビールは「大工場が配達するどれよりも安いコスト」だという事実が引用されている。このことも同じ現象のもうひとつの新しい例である。「立地の経済」は古いが、その例はつぎつぎと出てくる。むしろ新しいのはビジネスレポーター、編集者がそのことに気が付きはじめていることである。

第5章　崩壊を避ける

なぜ「興味深いことはすべてカオスの縁辺で起きる」のか。これについて、John Horgan,

"From Complexity to Perplexity" が簡潔に述べている。『サイエンティフィック・アメリカン』(*Scientific American*, June 1995)［邦訳は『日経サイエンス』一九九五年八月号「岐路に立つサンタフェ研究所」別冊日経サイエンス120『複雑系がひらく世界』に収録］参照。「この基本的なアイデアの出所は、結晶のような高度な秩序と安定性を持った系からは、新たなことは現れないということである。一方で、乱流や熱運動する気体分子のような完全にカオス的なものは、形（秩序）がなさすぎる。したがって、アメーバや証券取引など本当に複雑なものは、これら秩序と無秩序の境界域にこそ現れるというわけである」。ホーガンは「カオスの縁辺」をマサチューセッツ工科大学教授のセス・ロイド（Seth Lloyd）がまとめた複雑性の定義三二種類のうちでいちばんポピュラーだとしている。複雑性と複雑性が占める実り多い不安定な境界地についての概観は、Sally Goerner, *Chaos and the Evolving Ecological Universe*（第３章注）と続編 *After the Clockwork Universe: The Emerging Science and Culture of Integral Society* (Edinburgh: Floris, 1999) で述べられている。これらは簡潔とはいえないが、数学者でなくても理解できる。

身体を支える四肢が進化することは、脊椎動物が陸上に棲息できるようになるためには肺と同じように必要であった。肺魚についての『ナショナル・ジオグラフィック』(*National Geographic*, May 1999) の記事参照。陸に上がった脊椎動物は、新しい生息地で何を食べたか？ たぶん彼らは陸上に先にいた小さな虫をとらえて活力を得たのだろう。Richard

Monastersky "Out of the Swamps," *Science News* (May 22, 1999) 参照。虫は草を、草は地中バクテリアを必要とする。つまり、共発展なくして発展はありえない。

単細胞生物は、普通、集合することによって利益を得る。バクテリアの多くの種は定足数看取(quorum sensing)とよばれる通信・組織化過程に従事する。定足数看取とは、集中度が高いときにのみ有益な酵素や発光分子のようなある種の化学物質をつくりだすために、エネルギーを用いる前に個体が十分多数集まるまで待つことをいう。Evelyn Strauss, "Mob Action," *Science News* (August 23, 1997) 参照。定足数看取は独立した個体細胞間の通信・調整が多細胞生物より先に出現したことを意味する。

チャタルヒュユク(Çatal Hüyük, Çatalhöyük ともいう)は現在もゆっくりと注意深く発掘が進められているが、紀元前七〇〇〇年にはこの居住地に五〇〇〇から一万の稠密な人口が住んでいたことは明らかである。その豊富な工芸品は、彼らの文化が初期新石器時代ではなく旧石器時代から一貫して伝えられてきたことを強く示唆している。その所在はジェームズ・メラート(James Mellaart)により一九五八年に発見された。彼は一九六一年から一九六五年まで発掘に従事したが、同年、原因不明のままトルコ政府によって発掘が禁止された。三〇年後、別のイギリス考古学者イアン・ホッダー(Ian Hodder)の指導のもとに発掘が再開された。この二人の考古学者の科学的重点と方法の差は――その間の考古学の技術と興味の変化のために生じたものだが——Robert Kunzig, "A Tale of Two Obsessed Archaeologist——," *Discover* (May 1999) に述べられている。多くの割合を占める野生の獲物の遺骨と混じり合って、家畜化されたヒツジやヤギの骨があり、高い比率を占める野生の食料と混合して、人に植えられた植物からなる食料がある。チャタルヒュユクは近隣の最も古い農業村落さえよりも古い居住地だ。私はそのような中心地が、農業の到来以前に、またその後農業が単に副業であった時代に、どのようにして発展しみずからを支えることができたか、*The Economy of Cities*（第3章注）で推測を試みた。

経済的失敗を生き延びて再試行の機会に恵まれることは多い。成功に至ることすらある。その後の目覚ましい成功で失敗から再起した顕著な例は、ヘンリー・フォードの場合だ。彼は三回目の試みに成功する前に二度自動車生産を試みて失敗した。『エコノミスト』（*The Economist*, January 3, 1998）所載の記事"The Flexible Tiger"は台湾では企業の失敗が多いこと、企業所有者が容易に再度新規開業しうることに注意を喚起し、台湾経済の安定性を破綻企業が無償貸付で延命補助を受けるアジア諸国の企業と対照している。教訓：小規模の機敏な対応的修正は経済全体の安定性を高める。

中国における強制的産児制限（一人っ子政策）は人口削減を意図したものだ。しかし、それにはほかの効果もつきまとう。たとえば男子を女子より選好する結果、男女比率がアンバランスになっており、これが継続すれば叔母、叔父、従兄弟が消滅するにつれて大家族制度は消え失せる。そのほかの社会的結果で、おそらくは意図されなかったものについては予測できない。

沿岸のセコイアが水分の補給を霧から得ていることはコーネル大学およびカリフォルニア大学バークレー校のトッド・ダウソン(Todd Dawson)が測定した。彼の発見は『ニューヨーク・タイムズ』(*New York Times*, November 24, 1998) 所載、Carol Kaesuk Yoon, "Clues to Redwoods' Mighty Growth Emerge in Fog" に述べられている。

太平洋北西部の森林中の河川をいくつか調べた結果では、若いサケは海に出たことがないのに、その組織に海洋に由来する成分を四〇%含んでいる。流れに沿ったサケの卵の集まりの得る窒素の一八%は海洋を源泉としている。約二〇種類の森の脊椎動物の栄養素の一部は海洋起源のものである。「森はサケを育てる。しかしサケも森を育てる――サケは太い鉛筆ほどの小川が入り組んだ湾を去り、三年から六年も大洋中に姿を消す。彼らは海でとれたバイオマスで六〇ポンドの重さになって帰ってくる」。Richard Manning, *The Forest That Fish Built* (Portland, Ore.: Ecotrust, 1996) 参照。

Norbert Wiener, *Cybernetics, or Control and Communication in the Animal and the Machine* (New York: Wiley, 1949) がこの新語サイバネティックスを公に使った。

一九七六年、ニューファウンドランド沖のタラの量が減少しはじめたとき、カナダ政府のいわゆる環境省は *Policy for Canada's Commercial Fisheries*（カナダの商業漁業政策）を発表し、漁業管理の指針は「生物学的要素」ではなく、経済的社会的問題に拠るべきだとした。過去においては漁業は魚の利益になるよう規制されてきたが「将来においては漁業に依存する人々の利益になるように規制されるべきだ」というのである。一六年後のタラ漁の完全な崩壊と他の底魚の深刻な衰退のために、漁業者はエビやカニのような海洋食物連鎖の低位の種に集中するように奨励された――科学者がタラその他の底魚が依存するエビやカニなどの過大漁獲は絶滅しつつある魚のストックの回復を危うくすると警告したにもかかわらず、ニューファウンドランド漁業・同加工業地域社会はいまでは――第二段階の過大漁獲によって提供された――多種少量の仕事だが高収益の加工工場で生きている。ほかに主として頼みにしているのは移住である。タラ漁が崩壊した一九九二年と一九九八年のあいだに同地域からの純移出はそれ以前の年に比べおよそ三倍の約五万人になった。移出者は三五歳以下の労働者が主で、生産年齢人口に比べ依存人口の比率が上昇している。生物学的要因と経済社会問題を分離できるという環境省の馬鹿げた仮定についてはこれ以上は述べない。Elizabeth Brubaker, "Cod Don't Vote," *Next City* (Toronto: Winter 1998–99)、Jeffrey Simpson, "Down and Down in Newfoundland," *The Globe and Mail* (Toronto: November 10, 1998), Don Cayo, "Keeping the Fish Plants Busy," *The Globe and Mail* (January 25, 1999) 参照。

気象大変化の原因を理論的に明らかにし、温暖化ガスによる地球温暖化効果を予測することは、氷が解けて海洋の塩分が変化し、海流と気温がその結果シフトすることを取り入れた場合きわめて複雑になる。ラヴロックは、現在のような温暖な間氷河期こそ地球の〝病理〟だと考えており、北極圏、南極海や北極大陸、南極大陸の氷原に大量の海水が閉じ込められる場合には、もともと豊穣な大陸棚が表面に出て、生命にとって活動の余地が広がると推理している。彼はまた、寒冷な氷河期は徐々に増加しつつある太陽熱を打ち消すので有益だと推理している（*The Ages of Gaia*（第4章注）, p. 135ff）

アメリカ合衆国政府は財政支出ないしは租税特別措置の形で、二酸化炭素を出す化石燃料に年間二一〇億ドルの補助を与えている。この数字は Ross Gelbspan, "A Good Climate for Investment," *The Atlantic Monthly*（June 1998）による。彼がよい投資というのは炭素を出さないエネルギー源のことである。

トロント郊外に住むある家庭は、共稼ぎで子どもは二人、平均をやや上回る所得を得て自動車を二台（一台は三年、他は五年使用）もっている。そして自動車、自動車保険、その維持費、ガソリン代、駐車場料の月額に、食費、衣料費、光熱費その他料金、家計管理・修繕費および娯楽費の月間予算にほぼ等しい額を費やしている。「この家庭は家を失いかねないほど悲惨だ」。

読者の投書 "Why Ontario's working people voted for Tories?," *Toronto Star* (June 12, 1999) 参照。

カナダのタラ漁業補助金は一九八一年以降膨張しつづけた。漁船建造、漁船・漁獲装置、魚加工場、漁師および加工場労働者の所得、すべてに補助金がついた。タラ漁が壊滅する二年前の一九九〇年までに、ニューファウンドランドの漁師は漁業で一ドル稼ぐごとに一・六ドルを政府から受け取った。その他の補助金も同程度の額になり、全部で補助金は漁業収入の三倍に達した。これら補助金をコストに含めることができていれば、タラは高価になりすぎて市場では取引できなかっただろう。補助金額は Newfoundland's Memorial University の経済研究者たちにより計算された。"Cod Don't Vote," *Toronto Star* (June 12, 1999) 参照。

オレキシンは The Howard Hughes Medical Institute, University of Texas Southwestern Medical Center の柳沢正史が率いる研究チームが発見した。研究者たちはオレキシンは血糖値が下がった時に食欲を引き起こす複数の物質のひとつにすぎないと信じている。Carolyn Abraham, "Scientists Track Down Trigger for Hunger," *The Globe and Mail* (Toronto, February 20, 1998) 参照。Shawna Vogel, *The Skinny on Fat* (New York: Freeman, 1999) によると、少なくとも一三〇の異なった遺伝子が体重の決定にかかわっている。

多様性を犠牲にしての特化は、経済にとっても生態系にとっても不健全である。ウズベキスタンは極端な例だ。ソ連邦内の共和国として、ウズベキスタンは綿花栽培に特化するよう命じられた。灌漑のために大きさでは世界第四位の湖アラル海は湖面が半分に減り、二つの河川が消滅した。あとには殺虫剤、枯葉剤、塩分、重金属、汚水で汚染された広漠たる砂地が残った。それが引き起こした有毒な砂嵐は、ヒマラヤにまで到達し、ウズベキスタンだけでなくカザフスタン、トルクメニスタンをも汚染した。その結果、中央アジアは驚くべき率の結核、貧血、幼児死亡、ガン、異常出産、肝臓および腎臓疾患の発生に悩まされている。人道的見地からすれば、ウズベキスタンの恐怖は現代の最も悲惨な生態学的破綻の一例であろう。ソビエト崩壊後も、ウズベキスタン政府は綿花集中政策をつづけている。この破壊された土地では収入について、ほかに頼るべき代案がいまのところ存在しないためだ。外国援助も無効だった。Geoffrey York, "Uzbekistan, a Dying Lake, a Human Diet of Chalk," *The Globe and Mail* (Toronto, November 22, 1997) 参照。全面的特化が効率を高めるとの思い込みがもたらした犠牲の例として、このケースは極端である。しかし幅広い多様性なしに特化した経済が代わりの仕事を見つけられないのは異例ではない。比較優位を利用する国際分業の利益（それはほとんどつねに一時的利益にすぎないのだが）についてのアダム・スミスの単純すぎる推理の影響力はいまなお驚くべきものだ。たとえば、以下にアメリカ合衆国の億万長者の慈善事業家が一九九七年という最近時に書いた知恵に満ちた言葉がある。「地球的統合は労働の国際分業という利益をもたらす。そのことは比較優位の理論によって明確に証明されている」

同じ巣のシロアリ同士の緊密に統合されたフィードバックの例は John Tyler Bonner, *The Evolution of Complexity by Means of Natural Selection* (Princeton, N. J.: Princeton University Press, 1998) による。

ソ連邦の政治的崩壊に伴うロシアの経済的混乱については、David Remnick, *Lenin's Tomb* (New York: Random House, 1993) に記述されている。『エコノミスト』(*The Economist*, April 24, 1999) は崩壊一〇年後の展望をつぎのように要約している。「二〇〇〇年のロシアは一〇〇年前にそうであった以上に希望のもてない哀れな国家群のひとつといえる」

国際貿易における一国通貨のフィードバックは小国の数が増えているので改善される可能性がある――もしも小国が自国通貨をもちさえすれば、ではあるが。現在では、自国通貨をもつ小国でいちばん小さいのはアイスランド(人口二七万人)だ。国の規模が小さいことは経済的不利にはならない。世界の人口一億人以上の国一〇カ国中、経済的に豊かなのはアメリカ合衆国と日本の二国にすぎない。いちばん繁栄している一〇カ国から米日を除くと、一番大きな国はベルギー(人口一〇二〇万人)だ。"Small but Perfectly Formed," *The Economist* (January 3, 1998) 参照。

生物が氷点下の気温に適応する仕方は複雑で多様である。不凍化学物質をつくる、氷の結晶形成を誘発する物質を体内から除去する、毛細血管を凍らせないよう血液凝固能力を高める、水分を器官から細胞間の体内空洞に移す、など。Kenneth B. Storey and Janet M. Storey, "Lifestyles of the Cold and Frozen," *The Sciences* (New York Academy of Sciences, May/June 1999) 参照。われわれ自身の体温のフィードバック制御や服装、住居、暖炉、炉の適応も、マユの中で進行している過程ほど複雑ではないが、とてもすぐれている。

最初の森林火災は、樹幹が樹皮で守られているので、比較的被害が少ないのが普通だ。しかし、その直後に火事が続くと破滅的な効果を及ぼすことがある。歴史的には、熱帯樹林の火災の間隔は四〇〇年またはそれ以上である。しかし移住者が来ると、偶発火災がほぼ三年ごとに生じる。森林火災は悪循環として機能する——二度火事があると三回目が起こりやすい。ついには森林の喪失にまで至る。S. Milius, "Amazon Forests Caught in Fiery Feedback," *Science News* (October 3, 1998) 参照。

第6章　適者生存の二重の法則

ボノボの慣習は Frans de Waal, *Bonobo: The Forgotten Ape* (Berkeley: University of California Press, 1997) に記述され、写真によって説明されている［邦訳はフランス・ドゥ・ヴァール著『ヒトに最も近い類人猿ボノボ』加納隆至監修・藤井留美訳、ＴＢＳブリタニカ、二〇〇〇年]。

[本文中でジェイコブズは宿主が突然変異を起こすことでバクテリアと共存するとして説明しているが、実際はバクテリアに突然変異が起こって共存することが多いようだ。]

利己的遺伝子の理論は Richard Dawkins, *The Selfish Gene* (Oxford: Oxford University Press, 1976; second revised edition, 1989) に詳述されている[邦訳はリチャード・ドーキンス著『利己的な遺伝子』日高敏隆・岸由二・羽田節子・垂水雄二訳、紀伊國屋書店]。

ダーウィンは一八七一年にA・R・ウォレス (A. R. Wallace, 1871) に宛てた手紙で利他主義の謎をつぎのように提示した。「仲間を裏切らずに、自分の命をいつでも犠牲にする用意のある男は、彼の高貴な性質を受け継ぐ子供を一人も残さずに死ぬことがしばしばあるだろう。戦争でいつも最前線に出ることを辞さず、他人のために命を投げ出すもっとも勇気のある男は、平均すると、そうしない男たちよりも多くが死ぬだろう」。ダーウィンはそして推測した。個人的自己犠牲は自然淘汰を通して自己犠牲の形質の生存を促進できる、というのはこれは部族間の軍事的競争において有益な長所だからである。しかしこのことは、平均以上に多くの個人的自己犠牲をもっている個人がいなくなった場合には、その形質はどのように繁殖するのかという謎を依然として残すものだ。その手紙は *The Ant and the Peacock* (第2章注) の三二七頁に引用されている［邦訳『性選択と利他行動』四五一頁］。

われわれの視覚は実用的なものだが、それでも壁飾りのデザインなど、生存には無用な行為のために用いられる。手先が器用なのでオーボエの演奏ができる。観察力があるので星を頼りに進むことができる。伝達の能力があるので算術、舞台ページェントを教えたりする――これらすべてのことから見て、女性が尊厳と自尊心を保って繰り返し出産に耐えること、（女性ばかりでなく男性にも）戦争や消火において犠牲に耐え、マントをもっと寒そうな人に、パンをもっと飢えた人に与えることに喜びを見出すのを可能にしたことは、何ら驚くにあたらない。進化の遺産は「多くの可能な経路に沿って進む潜在力で」はちきれそうになっている――という基本原則はスティーヴン・J・グールドによる多くの興味深いエッセイで詳述されている。たとえば "The Great Seal Principle," *Eight Little Piggies* (New York: Norton, 1993) 参照。私はそこからは多種多様の経路について引用した［邦訳はスティーヴン・J・グールド著『八匹の子豚――種の絶滅と進化をめぐる省察』上・下　渡辺政隆訳、早川書房］。

ヒトの男女が似ていることは多くの活動での協力を可能にするし、一方の性の個人が他方の責任を、必要なときには負うこともできることを可能にする――これは個人と子孫の両者にとっての生存上の強味である。この強味はセイウチ、ヘラジカといった哺乳動物には利用できない。彼らは雌雄で比較的別個の生活を送っている。また、もちろんクモのような生き物にとってもそうであり、彼らの雌雄はお互いに大きく異なっている。

オーストラリアでの大型哺乳動物の大量絶滅についての最近の年代決定研究では、大量絶滅が約五万年前にヒトが大陸に出現したのと同時に起こったとされている。しかし、『サイエンス』(*Science*, January 8, 1999)によれば、絶滅が狩猟の行きすぎなのか故意に火災を起こしたことによる生息地破壊の結果なのか論争になっている。北米での大型哺乳動物の大量絶滅は約一万一〇〇〇年前、最後の氷河期末期の人類の到来に続いて生じた。『サイエンス・ニュース』(*Science News*, January 9, 1999)。参照。

マーカス・ギース(Marcus Gees)は『グローブ・アンド・メール』(*The Globe and Mail*, Toronto, December 10, 1997)所載の記事"Richer Is Cleaner"でこの袋小路に注意を喚起している。経済が豊かになれば、その経済は汚染された大気をきれいにしはじめる。しかし、富がその段階に達するために経済は、まず最初に大気汚染を悪化させなければならない。彼は例としてインド、中国の石炭燃焼による汚染増大を取り上げている。ギースが汲みとっている教訓は、貧しい国で経済成長を遅らせるものは何であっても環境浄化をも遅くするというものである。「それを露骨に表現すれば、貧しい国は明日きれいにするために今日は汚染しなければならない。われわれ豊かな世界にいるものはそれを好まないかもしれないが、それがわれわれが行ってきた方法である」。しかしながら人は付け加えるかもしれない。いま豊かな国の自動車はグローバルな大気汚染の主要な貢献者であるが、もし豊かな国が風力、太陽光発電からエネルギーを開発しはじめるならば、こうした発達はいま貧しい国にも利用できるようにもなろう——イギリスが石炭を木材の代わりに燃料として使用できるということを証明したのち、インドで牛のフンの代わりに石炭を燃やすことが利用可能になったのと同じように。

ハイラムが言及した政治と経済との共生についての本は、私の本 *Systems of Survival: A Dialogue on the Moral Foundations of Commerce and Politics* (New York: Random House, 1992, and Vintage, 1994) である［邦訳は『市場の倫理　統治の倫理』香西泰訳、日本経済新聞社］。フランス・ドゥ・ヴァール (Frans de Waal) は *Good Natured: The Origins of Right and Wrong in Humans and Other Animals* (Cambridge, Mass.: Harvard University Press, 1996) で、社会集団でうまく生活している種のメンバーは内的競争に対処するルール、マナーを発展させていると論じている［邦訳は『利己的なサル、他人を思いやるサル』西田利貞・藤井留美訳、草思社、一九九八年］。ところで、ここにもうひとつの進化の謎がある。人肉嗜食は悪いことと考えられているので人類のあいだでは慣例的にめったにないことと見られている。しかし、肉食動物、雑食動物の多くの別の種のあいだでもそれは人類同様にかなりまれなことで、あるいは人類以上にまれにしか見られない。そしてこのことはちょっと考えると不思議である。というのは同種の他の一員を食べることは最も適した栄養補給となり、同時に競争相手を退治する明らかに最上の手段だからである。では、なぜ共食いは自然のいたるところにごく普通にありふれたことにさえならなかったのか？　ひとつの答えは共食いするトラフサンショウウオの研究から由来しているが、共食いをすると病気のリスクが高まるというもののようである。理由は「獲物を攻撃目標にする病原菌は食事をする人をも的にするから」である。S. Milius, *Science News* (May 9, 1998) "Why Aren't There More Cannibals Around?" 参照。この危険原則はニューギニアの人肉嗜食の習慣のあった人々がクールーと呼ばれる致命的な病気の犠牲になっているという観察と一致している。彼らはヒトの脳を食べてこの病気になる。クールーは狂牛病に近い。狂牛病はスクレイピーとよばれる脳の病気にかかっているヒツジの肉を含んだ飼料を食べるウシに伝染する。

第7章　予測不可能性

科学が三大問題群――単純系、非組織的複雑系、組織的複雑系――をどのようにして取り扱ってきたかの略史は、私の著書 *The Death and Life of Great American Cities* (New York: Random House, 1961) の最終章にある。これは *Annual Report of the Rockefeller Foundation* (New York, 1958) 所収の Dr. Warren Weaver のエッセーによるところが大きい。

バタフライ効果 "butterfly effect" の命名は the American Association for the Advancement of Science の一九七二年一二月二九日のワシントンD. C. での会合に提出されたエドワード・ローレンツの論文 Edward Lorenz, "Predictability: Does the Flap of a Butterfly's Wings in Brazil Set Off a Tornado in Texas?" に由来する。この疑問はローレンツがすぐ説明しているように答えられない。ただその問題意識は、気象の性質の中心部分――その内在的不安定性に達している。この論文は会議の新聞発表用以外には公表されなかったが、そのアイデアやこれを裏付ける実験は、カオス理論家(およびその他の科学者)にはその後の数年で広く知れ渡るようになった。一九九〇年にローレンツはワシントン大学での発表のために三回の講演を準備したが、その内容は気象パターンのカオス的行動とそのカオス現象との関係についてのものだった(カオス理論家にとって、カオスはまったくのめちゃくちゃという普通の人の感じている意味をもっていない。カオスは確率的であるが、法則に従う。その法則を理論家は数学的にまたは図に描いて示す)。ローレンツの三回の大学講演は、一九七二年の有名な論文の最初の公刊と合わせて、*The Essence of Chaos* (Seattle: University of Washington Press, 1993) で読むことができる [邦訳はエドワード・ローレンツ著『ローレンツ カオスのエッセンス』杉山勝・杉山智子訳、共立出版株式会社]。

生態系は指令その他の中央集中的な仕組みで自己を制御することができない。それは司令塔――中枢神経系あるいはそれと同等に機能を果たすもの――を欠いている。その調節、変化、組織化の手段はそれを構成する生物の中、またはあいだでとられる行動と相互反応から成り立つ。Jonathan Weiner, *The Beak of the Finch: A Story of Evolution in Our Time* (New York: Knopf, 1994, and Vintage, 1995) は、ガラパゴス島のある生態系が偶然の出来事とそれへの生物の対応によって影響されながら、どのようにして同時進行しながら自己を形成するかを具体的に記述している。〔邦訳はジョナサン・ワイナー著『フィンチの嘴』樋口広芳・黒沢令子訳、早川書房〕。

予測不可能性は歓迎すべき驚きであると同時に、歓迎されない驚きでもある。不確実性に対する一般的態度は、おそらく気質、育ち、経験、外的環境に依存しよう。多くの人――あるいは、たいていの人は予測可能性をこいねがっているように思える。占星術、吉凶、予言、科学小説、暦、経済予測の人気がその証拠だ。世界が目的、計画、計画者なしに自己を形成していくのでその将来は予測不可能だという考えにひるむならば、地球は平らでなく丸い、地球は宇宙の中で支えもなく回転している、地球は全宇宙はもとより太陽系の中心でもない、などの話を先祖が聞いて心配した気持ちにも共感をもてる。

電力の産業向け利用のような重要で広範な広がりをもつ分岐でも、控えめに始まり、ゆっくりとしてしか経済に浸透しなかった。アメリカ合衆国で電力が工業生産用動力の五〇%を占めるには、電動機導入後四〇年を要した。電力利用が工業用動力の五%から五〇%に増大した二〇年間を見ると、アメリカ産業の生産性の伸びは実際には低下した。『エコノミスト』(*The Economist*, September 28, 1996) は、産業のコンピューター利用が次第に増大しながら生産性増加がなかった四〇年間と相似した関係にあるとしている。同誌はノーベル経済学賞受賞者のロバート・ソロー（Robert Solow）を引用している。「コンピューターはどこにでも見つかるのに、生産性統計の中だけには見つからない」

プラスチックを馬鹿にした技術編集者（かつて私の上司だったが）がいた業界雑誌は『アイアン・エイジ』（*The Iron Age*）である。彼が挙げた近未来の驚異の材料はチタニウムだった。

一九九八年において世界で最も急速に増加している電力エネルギーは風力発電で、これまで一〇年で四倍になった。しかし微小なレベルからスタートしたため、風力発電は世界でいちばん進んでいるデンマークでも発電量の七％を占めるにすぎない。デンマークでは約一〇万の出資者をもつ何百という小規模の協同組合が風力タービンを運転している。しかしヨーロッパでも地域によっては、風力発電は石炭火力と同程度、またはそれ以下のコストになっている。アメリカ合衆国の先進的風力発電地域であるカリフォルニアでは、州全体での風力発電量はサンフランシスコの使用電力量に匹敵する。モンタナ州とテキサス州がカリフォルニアを追い上げている。世界の先進的な風力設備メーカーも、デンマーク、カリフォルニア、およびワシントン州にある。Dan Falk, "It's Blowin' in the Wind Power," *The Globe and Mail* (Toronto, September 5, 1998) 参照。クリーンで再生可能なエネルギー資源を主張している人は、太陽光発電や地熱発電の開発が無視されるのを好まない。その理由は複数の方法を組み合わせることが単一の技術に依存するよりもつねに柔軟だと考えるからである。

中国では、公式銀行システムが非効率で小切手の決済に一カ月を要するため、企業はそれに代わる銀行システムを自己組織した。クレジットカードを用いて信用を得るのは非合法であるが、クレジットカードの決済口座に預金を振り込み、この預金を支払いのために引き出すのは合法的である。企業間の大口取引にクレジットカードを使うという新奇なやり方のおかげで、中国は世界で二番目に大きい――アメリカ合衆国に次ぐ――マスターカードの市場になった。年間取引は七三〇億ドルに達する。利点はマスターカードの効率性だ。企業の手元資金残高を遅滞なく証明し、即刻資金を移転する。公式の銀行システムは自己組織化されたシステムに競争できるよう効率化に懸命になっている。『エコノミスト』(*The Economist*, January 2, 1999)参照。

私はメル・マンチェスター(Mel Manchester)に香港翡翠市場とその近所の翡翠商人を案内してもらった。世界価格を決定しているトレーダーの年齢について私たちの意見は合わなかった。彼はあらゆる年齢の人がいるというが、私にはみなびっくりするほど若く見えた。

今日の多くの組織は、統一性や活力を失うことなく自己組織化原則を利用するにはどうしたらよいかを見いだそうとして、絶えず意識的に努力している――実り多き複雑系の権化となろうというわけだ。エコトラスト(Ecotrust)は三つの要件を列挙している。(a)比較的単純な規則によって独立した意思決定ができる自主的主体、（b）関係者間――組織の部門間――のかなり濃密なネットワークと相互関係、（c）結果についてのフィードバックに応えることで規律づけられた各主体による厳密な実験の実施。Draft Report on Operating Principles (Portland, Ore.: Ecotrust, Oct. 1997) 参照。これと多分に同様の原則が多様な自己組織化グループで見つかっている。それには、近隣組織、クレジットカード・システム、さらにはウェブ上で経験を共有しようとしているコンピューター・ソフトウエア・デザイナー、エリック・S・レイモンド (Eric S. Raymond) に対し http://www.tuxedo.org/~esr/writings/cathedral-bazaar/ 宛に利用者から寄せられた修正と改善が含まれる。しっかり考えなければいけないのは基礎的規則の枠組みだ。それらは重要不可欠で、できるだけ数は少ない方がよい。ここで触れた近隣組織は四〇年にわたって強力で活動的で生産的でありつづけているが、規則は二つしかない。（a）この地域で住んでいるか働いている人は、メンバーになることができる――会費その他資格要件なし――企画を始めたり、または他の企画に参加できる。（b）いかなる企画も地域内のいかなる個人または企業を追いだすものであってはならない。

第8章　アームブラスターの約束

アラバマ州ハンツビルのフィリップ・マクローリー (Phillip McCrory) が当の美容師である。彼の発明を最初に実地に用いたのは、NASAのマーシャル宇宙センターで起きた排水溝へのディーゼルオイルの偶発的漏れを拭いとるときだった。このときマクローリーは七キログラムの切った髪を樽に入れたきめの粗いフィルターを考案した。濾過したあとに、水はわずか一〇〇万分の一七の油を含んでいただけだった。髪の通路は油を引き寄せ確保する微小のキューティクルで覆われている。Claudia Dreifus, "What to Do About Oil Spills? Ask a Hairdresser," *The New York Times*, *The Globe and Mail* (Toronto, June 20, 1998) に転載、参照。何年か前には、カナダの東海岸への石油流出は泥炭ごけでうまく拭いとられた。しかし泥炭ごけはかさばって実用的ではないので、これからさらに何か生まれるということはなかった。私はこの情報をトロント大学材料科学の名誉教授 Dr. Ursula Franklin からいただいた。

謝辞

本書の主たる共発展者は、私の担当編集者兼出版者であるJason Epsteinで、私の企図についての彼の質問、批判、忠告、そして非凡な感受性は、手探り状態の初期の原稿から本書の完成に至る進化の過程で不可欠だった。他の共発展者は私の三人の子供たち、Dr. James K. Jacobs, Edward D. Jacobs, Burgin (Mary H.) Jacobsで、本書は彼らにささげられる。彼らは知識、推薦文献、着想、機知、思慮、さらには、やる気を惜しげもなく共有してくれた。このことは私だけにではなく、本書にとっても計り知れないほど助けになった。

私はそれ以外の多くの親族、友人、見知らぬ人たちが、有用な材料、基礎情報、批判、その他の援助を提供して下さったことに感謝する。それにはSid Adilman, Toshiko Adilman, Max Allen, Richard Anderson, Spencer B. Beebe, Lincoln Bergman, Alan Broadbent, Patricia Broms, Dr. Decker Butzner, John Cleveland, Mary Ann Code, Dr. Ursula Franklin, Dr. Sally Goerner, Dr. Lucia F. Jacobs,

Richard C. Keeley, Dr. Marvin Lunenfeld, Mel Manchester, Alana Probst, Mary Rowe, Dr. Stan Rowe, Jane Zeidler が含まれる。また、モダン・ライブラリーにおける担当の編集者兼出版者 David Eberschoff、私の原稿整理編集者 Veronica Windholz、カナダ・ランダム・ハウス社の担当の編集者 Anne Collins、さらに索引を作成した Edward Jacobs にも感謝する。

この本が生成する一般的基盤となったのは進化論と経済史である。本書の形成は教育的対話という文学上の伝統から生まれた。それゆえに、その多くはすでにもはや生きておらず、たいていは私には名前も知られていない幾千の共発展者による先行業績がなければ、本書に見られる特別に発展的な分化は不可能だった。本文や注ではそのごく少数に触れたに過ぎない。私が彼らすべてに負うところは深く、それがなければ本書は何もいえなかったであろう。彼らの労作に対し、謝意を表す。

訳者あとがき

本書は、Jane Jacobs, *The Nature of Economies*, Modern Library, Random House Inc., New York, 2000 を翻訳したものである。

著者のジェイン・ジェイコブズは一九一六年ペンシルベニア州スクラントンに生まれ、同地の高校を卒業した。大不況下のニューヨークに出ていくつかの職につき、失業も経験したという。業界紙の記者やフリーランスの寄稿家になり、地域運動や市民運動にも参加した。一九六八年にはニューヨークからトロントに移り、独立不羈の思索を続けている。

彼女を一躍有名にしたのは *The Death and Life of Great American Cities*, Random House, 1961（邦訳は黒川紀章訳『アメリカ大都市の死と生』鹿島出版会、一九六九年、SD選書118、一九七七年）の公刊である。同書は都市の健康で自立的な発展にはその多様性が必要であるとし、形式的なゾーニング、規模の大きさを誇る都市改造、機械的な成長管理を批判し、一見猥雑とも見える草の根の生活エネルギーを重視した。上からの官僚的技術論的都市計画思想の批判として、今日でも読み継がれている。

その後は都市と経済発展についての考察が彼女の中心課題となった。その成果が同じ出版社から刊行された *The Economy of Cities*, 1969（邦訳は中江利忠・加賀谷洋一訳『都市の原理』鹿島出版会、一九七一年）、*Cities and the Wealth of Nations*, 1984（邦訳は中村達也訳『発展する地域　衰退する地域』ちくま学芸文庫、二〇一二年）の二冊である。しかし彼女の思索はその範囲にとどまらず、地域の国家からの分離独立問題を扱った *Question of Separatism: Quebec and the Struggle over Sovereignty*, 1980（筆者未見）、さらには仕事の倫理を論じた *Systems of Survival: A Dialogue on the Moral Foundations of Commerce and Politics*, 1992（邦訳は香西泰訳『市場の倫理　統治の倫理』日本経済新聞社、一九九八年）へと広がりを見せている。

本書は彼女の最新作で、生態学、進化論、システム論、複雑系の理論などの新知見を摂取しながら、彼女がこれまで考究を重ねてきた経済問題について、その本質に迫る検討を加えたものである。八十歳を超える著者の探究心のみずみずしさには、つくづく感嘆のほかはない。

一般には、経済学と生態学といえば、開発賛成と反対をめぐって厳しく反目しあっているように見えよう。著者はこれに対して、生態学 ecology と経済学 economics が英語表現で語根を共有していることに示唆されるように、両者は双子として共通の問題を取り扱っており、かつてそれが自覚されていた時期もあることに、まず読者の注意を喚起している。両者はともに、集団を形成し、競争し共生するグループを対象とする。生態学が生まれたときには、それは「自然の経済 the economy of nature」を研究するものとされていた。この言葉は生態学の創始者ヘッケルの定義である。ジェイコブズはそれをひっくり返して「The Nature of Economies 経済の自然（本質）」を本書のタイトルとした。そこには、今度は経済学が自然から学ぶ番だという意味がこめられていよう。経済の発展、成長、安定は、自然と共通の法則に従うもので、それを自覚することによってのみ、人間は自然とよりよく調和しつつ、経済を営んでいける、というのが本書の主たるメッセージである。

それ以上の具体的内容については本文に譲るとして、本書はそのねらいにどこまで成功しているだろうか。訳者の感想を記そう。経済の動きを自然法則、生物法則と連続する過程としてみることによって、著者は経済発展や成長に新鮮な視点を与え、同時に多年の主張である自発的な反応、多様なエネルギーの重視に説得力をさらに加えている。本文でも問題になっているように、それは単なる比喩ではないかと思われないでもないが、発見や発想への刺激としては十分に成功しているといえよう。このような観点をさらに論理化し、体系化することは、本来の研究者の課題である。

一方、こうした経済観は自然との共生、具体的には環境問題の解決に、即座に役立つだろうか。自然に生きる人間という謙虚な姿勢が問題解決の出発点であることは確かだ。ただ具体的な環境問題は、全か無かの選択ではなく、実際に取り組んで試行を重ねるなかでしか解決できないものであろう。著者は、人間のすることをすべて否定する「人間嫌いの生態学」も、自然を支配しようとする「超自然的経済学」のいずれをもしりぞけ、逆にそのことによって問題への真剣な立ち向かいを慫慂しているように見える。

著者はこの書で彼女にとって新しい立場を示しているだろうか。多くの点で著者は本書でこれまでの立場を総合し、再確認している。そうしたなかで本書に新しい雰囲気を加えているのは、「最後にはいつも死が勝つ」「氷河時代こそ常態であり、ここも氷の下になっているべきだ」というような悲観的ともいえる感慨が時にもらされていることである。もちろんこの感慨は、「楽観的に考えると世界は富んでいて、われわれの行動を修正し、修正し、さらに修正するべく、興味深く建設的な機会を無限に与えつづける」という前向きの発想を引き出す薬味である場合が多い。それにしても高齢の著者の突き詰めた思いには、粛然とさせられるものがある。著者は本書で言語論への興味をのぞかせている。私たちはいつの日か彼女の言語論を読むことができるのだろうか。

本書は前著の *Systems of Survival*（『市場の倫理　統治の倫理』）と同じくプラトンの対話篇にならった架空の討論で進行する。登場人物のうち三人は前著でおなじみだ。前著で活躍した環境運動家ベンは本書では姿を消すが、存在感を残している。新しく加わったマレーとハイラムは、年をとっても少年らしさを失わず、ジェニー、ジョエル、アンバーのやさしい追憶にも囲まれていて、物語に好ましい雰囲気をもたらしている。

翻訳の経緯について一言しよう。私たち両名は前著 *Systems of Survival*（『市場の倫理　統治の倫理』）の翻訳で協力したが、日本経済新聞社出版局編集部次長の田口恒雄氏に新著の公刊を教えられ、前著の訳者としての責任感もあって、再びジェイコブズの邦訳に挑戦することになった。本書は生物学その他の自然科学の知見紹介に多くのページが向けられている。両名はその方面の教養がなく、生物学辞典を買ったり、引用文献を集めたり、高校生物の受験参考書を読んでみたりしたが、時間的な制約もあってはかどらず、苦慮したのが真相である。それでも本書の翻訳を通じて、エキサイティングな自然科学の新潮流の一端に触れえたことは、幸せであった。この間、田口氏は前著の場合と同じく、翻訳監修者として仕事にタッチして下さった。また時間的余裕の乏しいなかで、『日経サイエンス』編集部の詫摩雅子氏は翻訳原稿を閲読してくださり、また同編集部の藪健一郎氏からは訳語について有益なコメントを寄せていただき、ありうべき多くの誤謬を避けることができた。多くのことをご教示いただいたこれら三氏に心から感謝したい。ただし、残っている誤りは訳者の責任であることは言うまでもない。

本書の題名の由来は先述のとおりであるが、いわれ因縁があるだけに、翻訳出版にあたってどのような日本語タイトルを選ぶべきか、大いに迷った。田口氏とも再三協議して、どうやら落ち着いたのが現行の訳書名である。

訳語については、自然科学の術語訳と経済学のそれが一致せず、取捨に困ったケースが少なくない。Development は今日の経済用語として普通と思われる「発展」と訳した。しかし development psychology は「発達」心理学、developmental biology は「発生」生物学である。「共発展」の訳語をあてたのは原著では co-development だ。英語でもあまりお目にかからない言葉のようなので、フレッシュさを出すため新語を用いたが、進化論で evolution を「進化」、coevolution を「共進化」と訳し、統計学では variance を「分散」、covariance を「共分散」と訳しているのを参考にした。そのほか identification は計量経済学では「識別」と訳すが、自然科学では「同定」の字をあてている。あえて術語を使わないことにした個所もある。輸入置き換え（replacing）は保護主義の別名となった輸入代替（substitution）と区別するための彼女独特の表現である。輸入ストレッチング（stretching）も彼女の造語だと思うが、適当な漢字表現を思いつかず、カタカナ表記した。

尊敬するジェイン・ジェイコブズの書物を二度にわたって翻訳できたことは、私たち両名にとって望外の幸せである。本書が前著同様すでにジェイコブズ・ファンである方々に迎えられるとともに、さらに新しい若い読者を獲得して、原著者の精神がこの国にも根をおろすことを、翻訳の出来ばえは棚に上げて、希望したい。

二〇〇一年四月二日

香西　泰
植木　直子

文庫版解説　そろそろ本気でジェイコブズを

平尾昌宏

読者にとってはどうでもいいことだろうが、私は哲学者、倫理学者である。それが本書『経済の本質』の解説を書いている。これは筑摩編集部の人選ミスであろうか。そうかもしれない。だが、そうでないとすると……。そう、これこそがジェイン・ジェイコブズという人の特異なあり方を示しているとも言える。あとでも触れるが、本書はタイトルから予想されるのとは違い、たしかに経済を論じてはいるが、ふつうの経済学の本ではない。だから哲学者、倫理学者がこれの解説を書いていてもおかしくない。

ジェイコブズには『市場の倫理　統治の倫理』（ちくま学芸文庫、香西泰訳）という本もある。こちらはタイトル通り倫理の問題を扱っている。だが、これもクセ者である。倫理学者はこんな論じ方をしないからである。実際、この本のことを私に教えてくださったのは、経済学者の塩沢由典さんである。読んでみた。面白かった。だが妙に腹が立つ。だって、そんな変な（倫理学的に言えば）論じ方なのに、実に実にチャーミングなのだ。私ばかりではなく、知り合いの倫理学者もみな知らなかったし、ジェイコブズのことを知っている人でも、「あのジェイコブズが倫理を論じているの？」という反応。私は、ジェイコブズに対して腹を立てる一方、こんな魅力的な道徳論が倫理学者に無視されていることにも悔しい思いがしたものだ。しかも、『市場の倫理……』は経済学者、心理学者、歴史家などからは賛同者が出て広く受け入れられている。これはこれでまた悔しい（ふだん倫理学はこれらの専門家から敬遠されているから）。しかし、悔しいが仕方ない面がある。ジェイコブズは、あいまいで分かりにくいと思われている道徳の問題に非常に分かりやすい見通しを付け、すぐにでも実践可能なレベルまで整備してくれているからである。

一方、ジェイコブズは経済に関する本も複数書いている。塩沢さんのように、これを高く評価する経済学者もいるが、逆に、ジェイコブズの経済論を読んで腹を立てる経済学者もいるのだ。それも分かるのは分かる。なるほど、いかにも素人くさい。いや、経済論だけではない。道徳論も都市論も、全部が全部、ジェイコブの書くものはどうにも素人くさいのである。だが、そもそもジェイコブズは専門家になろうとなどしていない。素人で結構、その代わり、自分の知りたいことに食らいついて離れない。

それがジェイコブズという人である。そして、食らいついたところから、専門家が思いも寄らなかった論点を、鮮やかに提示する。しかも、そこから我々のすぐにも実践できることを見つけられるような仕方で。

ジャーナリストだったジェイコブズの、いわば出世作となったのが『アメリカ大都市の死と生』（鹿島出版会、山形浩生訳）。もはや都市論の古典と言ってよい本だ。ここで示されたのは、「都市計画」の名の下に都市の有り様を管理しようする思想に反旗を翻し、活きた都市というものはそんな管理や計画とはまったく違った多様なあり方をしているという見方である。実際ジェイコブズがニューヨークのグリニッジビレッジに高速道路を通そうとする計画に反対したアクティビストだったことはよく知られている。この点はアンソニー・フリントの『ジェイコブズ対モーゼス――ニューヨーク都市計画をめぐる闘い』（鹿島出版会、渡邉泰彦訳）に活写されているので、ぜひ読んでいただきたい。小説のように面白い（はっきり言って血湧き肉躍ります）。タイトルにあるモーゼスとの戦いだけではなく、ジェイコブズの評伝としても読める。

しかし、分かりやすい敵はモーゼスだが、このモーゼスの背後にいて、ジェイコブズが本当の意味で対峙していたのは、近代の建築思想そのものである。人間が頭で考え計算して作る都市は、一見するとキラキラしているが決して活きたものにはならない。そのことをジェイコブズは、自分自身が都市に生き、身近に観察することから体得した。それが結実したのが『アメリカ大都市の死と生』である。この素人が書いた本が、今では都市を論じる専門家にとって欠かせないものとなっている。痛快な話じゃないだろうか。

次作『都市の原理』(鹿島出版会、中江利忠・加賀谷洋一訳)は、「農業から文明は始まり、やがて村ができ、都市ができた」というような、ひょっとすると今でも我々の漠然と常識視している見方をくるっとひっくり返し、都市こそが原点であり、農業もそこから生まれたのだとする。うーん、これもジェイコブズの面目躍如というところだ。

この本でもう一つ注目すべき点は、『都市のエコノミー』という原題が示しているように、ジェイコブズが都市の問題だけではなく、経済、経済的な発展に関心を示している点だ。この点がジェイコブズのこの後の仕事すなわち、『発展する地域　衰退する地域』(ちくま学芸文庫、中村達也訳)に繋がる。『発展する地域……』でもジェイコブズは、いわゆる上から目線ではなく、地域に根ざした視点から、都市の発展について論じている。だが、話はそれで終わらない。ここでもジェイコブズは大きな偏見に挑戦する。その偏見とは、実は経済学そのものである。経済学的な偏見の一つを問題にしているのではない。経済学そのものが偏見(の塊)だというである。この本の原題は『都市と国富』。これはもちろんアダム・スミスの『国富論』を念頭に置いたもの。ジェイコブズに言わせれば近代経済学の元祖アダム・スミス以来、経済学はいつも国単位でしか考えていないというのである。実際は、都市こそが経済の舞台なのに! これもやはり、ジェイコブズらしい逆転の発想だ。

この本のちくま学芸文庫版に付いている解説は塩沢さんが書いている。塩沢さんは経済学者だが、経済学のあり方そのものを大きな視野から、そして批判的な目線で考えている人である。そして、そんな塩沢さんに大きな示唆を(というより甚大な衝撃を)与えたのがこの本だったという。

この版には、贅沢なことに解説がもう一つ付いている。片山善博さんによるものだ。ご存じの通り、片山さんは後に学者にもなり大臣にもなったが、世間の注目を集めたのは鳥取県知事としてである。その片山さんが(こう言っては何だが)地味な地方都市の行政を預かっているときに実践されたのが、まさしくそう、ここでジェイコブズが示している通りのことだったという。公共事業で国からお金が下りてくる。ところが、それが全然地域経済に役立たない。そこで片山さんはそれを削減する。それでは地域が成り立たないではないか、と人は思うだろう。だが、ジェイコブズが示している通り、まったく逆なのだ。片山さんの解説では具体的な事例も示されていてこれも興味深いのでぜひ読まれたい。

そして『市場の倫理……』。ここでも、「倫理ないし道徳には全く違った二種類のシステムがある」、「どんな仕事かに応じて、どっちの倫理体系を使うべきかが決まる」という、倫理学者なら思い付かないか、思い付いてもなかなか素直には書けないような論点、非常に実践的な観点を示してくれている。

では、本書『経済の本質』では、どんな常識破りの論点が示されているだろうか。ジェイコブズ流の、学者とは違った逆転の発想はあるだろうか。そう、やはりある。それが「経済も自然の一部だ」という発想である。我々はふつう、経済は人間のすることであり人工のものであって、自然のものとはまったく違う、と考えている(そうじゃないだろうか?)。だがジェイコブズは、エコロジーとエコノミクスは地続きであり(実際、両方とも「エコ」と入っている!)、経済の発展は自然の進化と同じ法則によるのだと言うのである。なるほど面白い……。

うん？　ほんとに面白いのかそれ！

いやいや、早計に判断するよりゆっくり考えよう。

ここには、ジェイコブズの驚くほどの一貫性が見られる。たしかにジェイコブズは、都市論、経済論、道徳論というように、幾つもの領域に手を出しているように見える。だが、それらを貫いているのは、都市も経済も活きており、発展するという視点である。そのことがここに来て、生命の大本、自然のエコシステムそのものへの注目に繫がる。

ジェイコブズの仕事は一目で見通すことができない多様性をもち、既成の学問区分からすればどこにも収まりきらないデコボコを持つ。例えば『ジェイン・ジェイコブズの世界』（藤原書店）というムックでは、ほんとに様々な分野の専門家が参加してジェイコブズの全体像を描き出そうとした。私も参加したので口幅ったいが、それぞれの先生方はいい仕事をしたと思う。だが、しかしそれでも、私も参加しただけに言いにくいのだが、「群盲象をなでる」の感が拭えない。

だが、一つ言えるとすると、ジェイコブズの思想の根本には、すなわち、成長、発展ということがあり、更にその根本には「活きている」ということがあるのではないか。そして、ここにこそジェイコブズが様々な領域で、専門家とは違った観点を打ち出せた秘密があるのではないか。私はそう捉えている。たしかにジェイコブズは、幾つものジャンルに手を出している。しかも素人の立場で。だが、それは外側から見ているからそう見えるだけだ。そうではなくて、ジェイコブズは活きたものが成長、発展するということを見つめ続けた結果、それが色んな場面に現れることに気づいたというのが正解ではなかったろうか。それが、ジェイコブズ後期のこの著作『経済の本質』にも見て取れるのである。

同時に、こうした一貫性は、他ジャンルに広がるとともに、他面では視野を限定するということに繋がっている。だから、都市を論じてもジェイコブズは都市一般について総合的に論じているのではないし、経済を論じても経済一般について論じているわけではない。『市場の倫理……』で道徳について論じる場合でも、ジェイコブズが論じているのは道徳ないし倫理の全体像といったものではなくて、我々の生活に密着した限りでの道徳、とりわけ仕事に関わる道徳に限定した問題なのである。

こうしてジェイコブズは、専門的な枠に囚われないで自由に、しかし、自ずと視点を限定することで、自分の関心のあることだけを論じる。さっき言ったように、ジェイコブズは、自分の食らいついたものは離さないのである。ジェイコブズ・ファンとして言わせてもらうなら、ここにジェイコブズの魅力があり、同時に、私も専門家なので一言言えば、ここにジェイコブズの素人っぽい狭さがある。だが、その狭さが実は、ジェイコブズの視点を輝かせているのである。

だが、本書『経済の本質』にはひと味違う面もある。

冒頭でも触れたように、『経済の本質』は、狭い意味での「経済」について(だけ)論じたものではない。もちろん、ここでも経済は大きなテーマである。しかし、ここには経済学の知見だけではなく、様々な自然科学の知見が動員される。なにせ「経済も自然の一部」なのだから。経済(エコノミー)と自然(エコシステム)が別々の話題として取り上げられているのでもなければ、この二つが似ていると主張されるだけでもない。正確には、エコノミーもエコシステムの一環だとされるのである。だから、経済を理解するためには、まず自然を理解しなければならない、ということになる。

そのため本書は、広く科学的な知見を拾い集めている。同時にそれが、経済の事例と重ね合わされる。だが、その分だけ話が異様に広がり拡散する(この点、訳者の方達も苦労されたことと思うが……)。それを収束させるためにジェイコブズは、逆に非常に高度な抽象化を行なっている。キツネ、トガリネズミ、アカオオヤマネコといった動物たちの具体的な事例も登場するが、煎じ詰めるならそれも、「生態系とは太陽から発するエネルギー・フローの道管だ」という、極めて抽象的な認識を導く一環としてである。そのエネルギー・フローの形式が、「一般性から発生する分化」と定式化される「発展の本質」（第2章タイトル）であるという。……びっくりするくらい抽象的で、大上段の構えだ。『アメリカ大都市……』で具体的な都市の路上から始めたジェイコブズとは思えない。これは皮肉ではなく言うのだが、ジェイコブズ自身はここに至って、分化したものを統合しながら一般性へとリバース発展したのではないかと思えるほどだ。

そう、ともかく、ジェイコブズがここで「経済」と呼んでいるのは、こうした意味での、異様に一般化されたものなのである（実はエコノミーというヨーロッパ語はもともと経済だけではなく、より広いものごとの仕組みを意味していたから、ジェイコブズはその原義に立ち返っているとも言える）。だから私がここで思い起こしたのは、おそらくジェイコブズの読者層が手を出しそうにない（偏見ですか？）バタイユのことである。フランスの特異な作家、思想家であったバタイユは、太陽中心的な普遍経済学の試みという、なんとも哲学的というか、場合によっては妄想的とも受け取られかねない構想を示している。バタイユのこの構想は、著作としては『呪われた部分』と『エロティシズム』という書に見られる。いかにも不健康（不健全？）そうなタイトルだ。常識的で健康的なジェイコブズとは水と油に思える。私もこの二人が似ているなどと言うつもりはない。しかし、『経済の本質』という、一見するとなんの変哲もない（無数にある経済関係の本の群れの中に紛れてしまいかねない、ある意味で言えば平凡な）タイトルの本が内蔵している面白さと危うさが、そんな妙な想起を誘ったということだ（はい、単なる私個人の「感想」ですけど）。そう、実は『市場の倫理……』がジェイコブズ流の倫理学だったとすれば、『経済の本質』は彼女の哲学なのである。

しかし、本書の結論はあまり楽観的なものではない。本書は前作『市場の倫理……』と同じく一種の小説ないし対話篇である。両編の中心的な登場人物アームブラスターは、『市場の倫理……』冒頭で、外国の銀行に大金を預けるときにふと浮かんだ不安、危惧を語っている。つまり、我々はなぜこんな危ない（全く知らない人たちに自分の大事なものを託す、というような）ことを平気でできるのだろうか。そうした危うい人間の営みを支えているのは、道徳という細い糸だ。ではその糸とは実際にどんなものなのか。みんなで検討してみようじゃないか……。

こうして『市場の倫理……』の、いささかソクラテス的な問いかけが、相当にプラトン的な対話篇に乗せて語られる。『経済の本質』もまたアームブラスターを中心とする対話篇になっているので、この二冊はいわば姉妹編である。もっとも『経済の本質』の方は『市場の倫理……』ほど深刻な問題提起から始まるわけではない。しかし、『経済の本質』に登場する見通しは、決して明るいものではない。ジェイコブズが見ようとしたものが活きたものだとすれば、活きたものにはやがて死が訪れるのは必定だからである（思えば、すでに第一作のタイトルに「死」と入っていた）。また、経済が単なる人間の問題ではなく、自然の営みの一環だとすると、人間にできることは限られることになってしまうからである。しかも、複雑な自然の過程は、人間の把握力をはるかに超え、そのため基本的に予測不可能な側面を持つ。経済もそうなのであれば、つまり、経済も活きたもの、生ものである以上、原理的な意味で「予測不可能性」（第7章タイトル）を孕んでいるものなのだ。

ジェイコブズの初期の著作は、もちろん切実な問題を扱っているものの、比較的明るい。我々にはまだまだできることがこんなにある、というメッセージが込められており、そのための具体例が豊富に集められている。だが、『市場の倫理……』の切実さは、むしろ、危機感と言った方がよいものになっている。更にその後に登場する本書は、一種の諦めも混じり始め、更に次の著作が『壊れゆくアメリカ』(日経BP、中谷和男訳)である。こうして見ると本書は、いわば、ジェイコブズ晩年の悲観的な見方の深まりの一環だと見ることができる。

だから本書は、ジェイコブズの本としては少し、いや、かなり変わっている。初期のジェイコブズを評価する人のなかにも、これらを受け付けない人もいるかもしれない(実際にいます、そういう人)。たしかに初期の著作に見られるような、驚くほどの逆転の発想がきらめいているとは言い難い。また、『発展する地域……』や『市場の倫理……』のように、すぐにでも実践的に使えるというタイプの本でもない。だが、私自身はこれもまたジェイコブズであり、そして、むしろここにこそジェイコブズの深みが隠されているのではないかと思う。

ジェイコブズは一九一六年生まれなので、すでに生誕百年を超えている。本人が在野の人であったとはいえ、これだけ広範に影響力を持った以上、よくも悪くもこれからはジェイコブズ自身が研究対象になるだろう。その際、ジェイコブズの全体像を描き出すには、私は三つ大きなポイントがあると思う。

一つは、ジェイコブズには八つの著作があるが、それほど読まれていない著作が二つある。『分離主義の問題』と『帽子の少女』である（まだ日本語訳もない）。前者はジェイコブズがニューヨークを離れて移り住んだカナダが抱える昔からの問題、ケベック州の分離独立問題を扱っており、後者は小説（絵本？）である。実はこの二冊は私もちゃんと読んでいない。

もう一つは、ジャーナリストとして若い日に書いた記事や小論である。幸い、少し前に『ジェイン・ジェイコブズ都市論集――都市の計画・経済論とその思想』（宮﨑洋司訳、鹿島出版会）が出た。ジェイコブズの著作は一冊一冊の完成度が高いが、逆に、なぜジェイコブズがこういうことを考えたのか、その背景が分かりにくい部分もあった。だから、それをかなり補ってくれるこの一冊の意義は大きい（私は正直言ってかなり驚いた）。

そして、三つ目が、比較的後期の著作、とりわけこの『経済の本質』である。それを考えると本書が、『発展する地域……』や『市場の倫理……』とならんで、こうして新たに文庫の形で出ることには、かなりの意味があると思う。ジェイコブズの本は、たしかに実践的なところがミソではあった。だが、ジェイコブズの著作は単なるマニュアル、手引き書ではないのではないか。

みなさん、そろそろ本気でジェイコブズについて考えてみません？

（ひらお・まさひろ　文筆家／大学講師・哲学／倫理学）

Press, 1996) 邦訳：『利己的なサル、他人を思いやるサル』西田利貞・藤井留美訳，草思社
Edward Lorenz, *The Essence of Chaos* (Seattle: University of Washington Press, 1993) 邦訳：エドワード・ローレンツ著『ローレンツ　カオスのエッセンス』杉山勝・杉山智子訳，共立出版株式会社
Jonathan Weiner, *The Beak of the Finch: A Story of Evolution in Our Time* (New York: Knopf, 1994, and Vintage, 1995) 邦訳：ジョナサン・ワイナー著『フィンチの嘴』樋口広芳・黒沢令子訳，早川書房

（＊書籍のみ，順番は原著の通り）

University Press）邦訳：ジェームズ・ラヴロック著『地球生命圏　ガイアの科学』星川淳訳，工作舎

James Lovelock, *The Age of Gaia: A Biography of Our Living Earth*（New York: Norton, 1988）邦訳：ジェームズ・ラヴロック著『ガイアの時代』星川淳訳，工作舎

Jane Jacobs, *Cities and the Wealth of Nations: Principles of Economic Life*（New York: Random House, 1984, and Vintage, 1985）邦訳：『発展する地域　衰退する地域』中村達也訳，ちくま学芸文庫

Sally Goerner, *After the Clockwork Universe: The Emerging Science and Culture of Integral Society*（Edinburg: Floris, 1999）

Richard Manning, *The Forest That Fish Built*（Portland, Ore.: Ecotrust, 1996）

Norbert Wiener, *Cybernetics, or Control and Communication in the Animal and thr Machine*（New York:Wiley, 1949）

Shawna Vogel, *The Skinny on Fat*（New York: Freeman, 1999）

John Tyler Bonner, *The Evolution of Complexity by Means of Natural Selection*（Princeton, N. J.: Princeton University Press, 1998）

David Remnick, *Lenin's Tomb*（New York: Random House, 1993）

Frans de Waal, *Bonobo: The Forgotten Ape*（Berkeley: University of California Press, 1997）邦訳：フランス・ドゥ・ヴァール著『ヒトに最も近い類人猿ボノボ』加納隆至監修・藤井留美訳，TBSブリタニカ

Richard Dawkins, *The Selfish Gene*（Oxford: Oxford University Press, 1976; second revised edition, 1989）邦訳：リチャード・ドーキンス著『利己的な遺伝子』日高敏隆・岸由二・羽田節子・垂水雄二訳，紀伊國屋書店

Stephan J. Gould, *Eight Little Piggies*（New York: Norton, 1993）邦訳：スティーヴン・J・グールド著『八匹の子豚—種の絶滅と進化をめぐる省察』上・下　渡辺政隆訳，早川書房

Jane Jacobs, *Systems of Survival: A Dialogue on the Moral Foundations of Commerce and Politics*（New York: Random House, 1992, and Vintage, 1994）邦訳：『市場の倫理　統治の倫理』香西泰訳，日本経済新聞社

Frans de Waal, *Good Natured: The Origins of Right and Wrong in Humans and Other Animals*（Cambridge, Mass.: Harvard University

参考文献

Janine M. Benyus, *Biomimicry* (New York: Morrow, 1997)
Steve Lerner, *Eco-Pioneers* (Cambridge, Mass.: MIT, 1997)
Kenny Ausubel, *Restoring the Earth; Visionary Solutions from the Bioneers* (Tiburon, Calif.: Kramer, 1997)
Colborn, Dumanoski, and Myers, *Our Stolen Future* (New York: Dutton, 1996) 邦訳：シーア・コルボーン，ダイアン・ダマノスキ，ジョン・ピーターソン・マイヤーズ著『奪われし未来』長尾力訳，翔泳社
Stephen Jay Gould, *Ontogeny and Phylogeny* (Cambridge Mass.: Belknap/Harvard, 1977) 邦訳：スティーヴン・J・グールド著『個体発生と系統発生』仁木帝都・渡辺政隆訳，工作舎
Lynn Margulis, *Symbiotic Planet: A New View of Evolution* (New York: Basic Books, 1998) 邦訳：リン・マーギュリス著『共生生命体の30億年』中村桂子訳，草思社
Lewis Thomas, *Lives of a Call* (New York: Viking, 1974)
Helena Cronin, *The Ant and the Peacock* (Cambridge: Cambridge University Press, 1991) 邦訳：ヘレナ・クローニン著『性選択と利他行動――クジャクとアリの進化論』長谷川真理子訳，工作舎
Robert Claiborne, *Our Marvelous Native Tongue* (New York: Times Books, 1983)
Stewart Brand, *The Clock of the Long Now* (New York: Basic Books, 1999)
Adrian Forsyth and Ken Miyata, *Tropical Nature* (New York: Macmillan, 1984)
Jane Jacobs, *The Economy of Cities* (New York: Random House, 1969 and Vintage, 1970) 邦訳：『都市の原理』中江利忠・加賀谷洋一訳，鹿島研究所出版会
Sally Goerner, *Chaos and the Evolving Ecological Universe* (Langhorne, Pa.: Gordon and Breach, 1994)
Spencer B. Beebe, *Natural Capital* in *the Rain Forests of Home* (Portland, Ore.: Ecotrust, 1998)
James Lovelock, *Gaia: A New Look at Life on Earth* (Oxford: Oxford

索　引

本書は、日本経済新聞社より二〇〇一年四月に刊行され、のち文庫版が二〇一三年九月に刊行された。

ちくま学芸文庫

経済《けいざい》の本質《ほんしつ》 自然《しぜん》から学《まな》ぶ

二〇二五年二月十日 第一刷発行

著者 ジェイン・ジェイコブズ

訳者 香西 泰（こうさい・ゆたか）
植木直子（うえき・なおこ）

発行者 増田健史

発行所 株式会社 筑摩書房
東京都台東区蔵前二―五―三 〒一一一―八七五五
電話番号 〇三―五六八七―二六〇一（代表）

装幀者 安野光雅

印刷所 星野精版印刷株式会社

製本所 株式会社積信堂

ISBN978-4-480-51289-5 C0112